Esoterik des Abendlandes

Band 2

Mythos TAROT
historische Fakten

Eckhard Graf

param

CIP-Titelaufnahme der Deutschen Bilbliothek

Graf, Eckhard:
Mythos Tarot : historische Fakten / Eckhard Graf.
– Ahlerstedt : Param, 1989
(Esoterik des Abendlandes ; 2)
ISBN 3–88755–004–8
NE: GT

Gesetzt auf Mannesmann-Tally Laserdrucker MT910™
Umschlagentwurf Karl-Heinz Koch
Herstellung Fuldaer Verlagsanstalt

Mein Dank gilt Helmut Möller
für Anregung und nie versagte Unterstützung, sowie
Eberhard Hock für die Lektorierung.

Die Abbildung zeigt die elfte Trumpfkarte, *La Forza* (Die Kraft), aus einem handgemalten Tarock-Spiel, von dem man lange glaubte, es stamme aus dem Besitz Karls VI. (1386–1422). Wahrscheinlich entstand es jedoch erst um 1470 in Ferrara (Oberitalien). Bibliothèque Nationale, Paris; aus [5].

Der Märtyrer der Transzendenz

Im Jahre 1782 weiß das vom Philosophen und Satiriker Georg Christoph Lichtenberg herausgegebene *Göttingische Magazin der Wissenschaften und Litteratur* Erstaunliches zu berichten. Unter dem Titel *Über den Ursprung und die Bedeutung der Tarok-Charten* bekommen seine gebildeten Leser ein Forschungsergebnis aus dem Nachbarland Frankreich präsentiert:

»Das rathen unsere Leser gewiß nicht, was wir Ihnen unter dieser Überschrift geben werden? Manche von Ihnen werden oft Tarok gespielt haben, ohne daß es ihnen je eingefallen wäre, daß der fürchterliche Ein und Zwanziger, der gefährliche Pagad und der willkommene Sky nichts anderes wären als allegorische Gemählde, so gut, wie die anderen Taroks alle, ja alle Charten überhaupt eine gewisse moralische Bedeutung haben? Aber wie sehr werden sie vollends erstaunen, wenn wir Ihnen sagen, daß dies nämliche Spiel aus dem höchsten Alterthum abstamme; Egyptischen Ursprungs sey, ein Gemählde-Buch welches ein ganzes moralisches System enthalte, und was noch für andere schöne Sachen mehr?« ([51] S. 348)

Gewisse Zweifel an einer solchen Entdeckung sind von einem Magazin, das sich als Speerspitze der kritischen Vernunft verstand, dennoch zu erwarten:

»Freylich möchte man wenigstens auf den ersten Anschein wenig geneigt seyn, diesen Sonderbarkeiten Glauben beyzumessen ... Indessen hat uns die geistvolle Erklärung ... viel Vergnügen gemacht...« ([51] S. 349)

Auf den erste Blick erscheint es auch ein wenig sonderbar, daß der Mythos Tarot[1] hierzulande nicht etwa durch weis-

[1] Um ein oft auftretendes Mißverständnis von vornherein zu vermeiden, zunächst eine Erklärung, wie die Begriffe *Tarot* und *Tarock* in diesem Buch verwendet werden. Immer wenn vom Kartenlegen (im esoterischen Sinne) die Rede ist, wird, wie heute allgemein üblich, die französische Wortform *Tarot* verwendet. Dagegen wird inbezug auf das Kartenspielen (als eine Form der Unterhaltung) auf die deutsche Wortform *Tarock* zurückgegriffen. Nur in Frankreich ist auch dafür von jeher die Bezeichnung *Tarot* gebräuchlich.

sagende Zigeunerinnen, sondern ausgerechnet durch ein tonangebendes Organ der Aufklärung aus der Taufe gehoben wurde. Es ist aber nur ein Beispiel für die Vermischung zweier gegensätzlicher Strömungen im Geistesleben des 18. Jahrhunderts. Einerseits war die Emanzipation von Wissenschaft und Philosophie aus den Fesseln religiöser Bevormundung unwiderruflich geworden. Andererseits ergriff eine machtvolle Regung magischen Denkens, dem neuen Weltbild spottend, erneut weite Kreise der Bevölkerung.

Manchmal bestand ein unmittelbares und spannungsvolles Nebeneinander mystischer und wissenschaftlicher Neigungen in ein und derselben Person. Wie bei Johann Georg Adam Forster (1754–1794), Professor der Naturwissenschaft am Kasseler Carolinum und Mitherausgeber der eben erwähnten Zeitschrift. Wahrscheinlich ist er der Verfasser des Artikels, durch den die Deutschen erstmals davon erfuhren, daß man mit den so beliebten Tarock-Karten nicht nur ein unterhaltsames Spiel betreiben, sondern die Weisheit des Altertums erfahren und gar die Rätsel der Zukunft entschlüsseln könne.

In jungen Jahren hatte Forster James Cook, den letzten großen Entdecker der Weltmeere, auf einer Weltumsegelung begleitet. Seine Veröffentlichungen darüber wurden zum Vorbild einer neuen literarischen Form, der wissenschaftlich fundierten Reiseberichte. Er übte damit großen Einfluß auf die naturwissenschaftliche Forschungstätigkeit aus, vor allem auf Alexander von Humboldt, mit dem er die Niederlande, Großbritannien und Frankreich bereiste.

Was weniger bekannt ist: Derselbe Forster stapfte auch durch sumpfige Wiesen beim nordhessischen Veckerhagen, um Sternschnuppensubstanz zu suchen, die er als *materia prima* (Jungfernerde) für seine alchemistischen Experimente benötigte. Im ernsthaften Bemühen, Gold zu machen, vertat er ein Vermögen. Als Freimaurer war der weltläufige Mann nicht nur Mitglied der Kasseler Loge ›Zum goldenen Löwen‹. Er wird auch im Zusammenhang mit der Pariser Loge ›Neun Schwestern‹ *(Neuf Soeurs)* genannt, der namhafte Vertreter der französischen Intelligenz angehörten. Mit einem dieser Namen beginnt auch die Geschichte des Mythos Tarot.

Das Paris jener Zeit war unzweifelhaft der Nabel der Welt. Es war Ausgangspunkt einer geistigen Bewegung, die dem Weltbild des abendländischen Menschen neue Horizonte eröffnete. Hier sollten auch in Kürze die bedeutendsten politischen Umwälzungen seit dem Zusammenbruch des Reichs der Cäsaren stattfinden. Doch dieses Paris des ausgehenden 18. Jahrhunderts war auch das Mekka der Schwarzen Kunst, in dem ein Cagliostro die vornehme Gesellschaft mit seinen Gaukeleien düpierte. Es war der Schauplatz der Wiedergeburt der Magie in der modernen Welt.

In den Straßen boten Stern-, Schicksals- und Charakterdeuter ihre guten Dienste an. Straßenhändler verhökerten jede Menge Glück bringender Talismane und Unheil abwendender Amulette. Wer sich mit magischer Kraft imprägnieren lassen wollte, ging zu Leon dem Juden, der mit Spiegeln zauberte. Wen die Ärzte nicht mehr retten konnten, der suchte B. J. Labre de Damette auf, den heilenden Bettler. Oder er ging zum heiligen Hubert, auch Glaubensheiler aus der Rue des Ciseaux genannt, der durch mystische Zeichen und Berührungen kurierte. Im Jahre 1784 berichtete der Korrespondent des Brüsseler Journals in der Seine-Metropole von einer eigentümlichen Überfülle an »hermetischen, kabbalistischen und theosophischen Philosophen, die fanatisch die ganzen Ungereimtheiten der Theurgie[2], der Divination[3], der Astrologie usw. vortragen (zit. nach [28] S. 39). Zauberer und Wahrsager waren im Pariser Leben so tief verwurzelt, daß die Polizei auf sie als Spitzel noch lieber zurückgriff als auf die Priester.

In dieser geistigen Unterwelt begaben sich die Pariser entschlossen auf die Suche nach dem Wunderbaren. Inmitten des hier wuchernden Gestrüpps von Heilswegen und Heilme-

2 Von Griechisch *theoygia*, Götterzwang, d. h. Magie mit Hilfe guter Geister oder Engel. Eine andere Bezeichnung der ›weißen‹ Magie als Gegenstück zur ›schwarzen‹ Magie oder Goëtie.

3 Von Lateinisch *divinatio*, Eingebung von oben. Eine andere Bezeichnung für Weissagung oder Hellsehen.

thoden, von Geheimwissenschaft und Offenbarungswissen elektrisierte sie vor allem eine Neuheit: Tarot.

Ihr Wegbereiter war Antonie Court, ein Gelehrter, der in der Rue des Ménétriers in einer bescheidenen Mietwohnung lebte. Schlimmer noch als Armut war für ihn im erzkatholischen Frankreich jedoch sein Bekenntnis: Er war Protestant. Zwar hatte er, nach der Gewohnheit seiner Glaubensgenossen, die es zu etwas bringen konnten, seinem Namen ein ›von‹ angehängt und ließ sich Court de Gébelin nennen. In der feinen Gesellschaft war er dennoch ein Außenseiter geblieben.

Heute hat sein Name wieder einen guten Klang. Antoine Court de Gébelin gilt als Begründer oder, wie es meist ausgedrückt wird, als Wiederentdecker der Tarot-Esoterik. Doch wer wüßte schon Näheres über sein Leben?

Es begann nicht gerade vielversprechend und mußte zunächst einmal vor sozialer Kontrolle und Unterdrückung geschützt werden. Sein Vater, Antoine Court sr., war der prominenteste evangelische Geistliche Frankreichs. Oft genug hatte er sich für seine Brüder und Schwestern im Glauben aufgeopfert, die in ihrem Vaterland noch manchen Repressalien ausgesetzt waren. Als seine Frau 1718 schwanger wurde, verließ sie Frankreich, um ihr Kind – vor polizeilicher Bespitzelung sicher – bei einer befreundeten Genfer Pastorenfamilie zur Welt zu bringen. Der kleine Antoine, im Februar 1719 geboren, lebte die ersten sechs Jahre inkognito unter dem Namen Antoine Corteiz ([116] S. 3). So kam es, daß die ersten sechs Lebensjahre Court de Gébelins der Nachwelt fast verborgen blieben und meist geschrieben wird, er sei 1725 geboren.

Im Jahre 1729 folgte der Vater, um einer Verhaftung zu entgehen, seiner Familie in die Schweiz. In Lausanne wurde Antoine zum evangelischen Theologen ausgebildet. Später arbeitete er als Lehrer. Gleichzeitig diente er seinem Vater als Sekretär. Auch im Exil blieb Antoine Court sr. die Schaltstelle für den Zusammenhalt der protestantischen Gemeinde Frankreichs. Sein Lebenswerk war es gewesen, die Voraussetzungen für ihren Zusammenschluß in einer eigenen Kirchenorganisation zu schaffen. Offensichtlich hegte er den Traum, daß es einmal von seinem Sohn vollendet werden würde.

Doch der war eine weniger kämpferische Natur. Er fühlte sich eigentlich mehr zur stillen Existenz eines Gelehrten hingezogen. Neben den ihm auferlegten Pflichten fand er die Zeit, sich mit Feuereifer dem Studium der Antike, der Völkerkunde, sowie der Sprache exotischer und versunkener Kulturen zu widmen. Noch aber wandelte er in den Spuren des dominanten Vaters.

Im Jahre 1763 ging er nach Paris, um als Lobbyist der protestantischen Sache zu wirken. Es gelang ihm, in der Hauptstadt Anerkennung durch die gesellschaftliche Führungsschicht zu finden. Doch je höher er hier stieg, desto mehr sank sein Stern an der protestantischen Basis. Dort erstanden ihm mächtige Gegner, die am politischen Ertrag seiner Bemühungen zweifelten. Die Folge: Unterhaltszahlungen der Provinzgemeinden, von denen er lebte, flossen immer spärlicher, um schließlich fast ganz zu versiegen.

Court de Gébelin war es endgültig leid, immer nur die vom Vater gestellten Aufgaben zu erfüllen. Er besann sich auf seine Kenntnisse alter Kulturen und Sprachen. Jetzt packte ihn der Ehrgeiz erst richtig. Sein Ziel war eine Karriere als Wissenschaftler und Literat. Und damit hatte er nicht schlecht gewählt. Mit diesem Vorhaben lag er sozusagen voll im Trend der Zeit.

Denn nicht etwa die Politik stand damals im Blickfeld des öffentlichen Interesses, auch wenn das Land unaufhaltsam in die Krise taumelte. 1789 brach die Revolution los und ließ die Fundamente der Gesellschafts- und Staatenordnung Europas erzittern. Doch in den siebziger, ja selbst noch in den achtziger Jahren fand der Zersetzungsprozeß der Monarchie weitgehend in der abgeschlossenen Welt des Hofes von Versailles statt. Selbst zukünftige Radikale, die in wenigen Jahren den Lauf der Weltgeschichte in andere Bahnen zwingen sollten, dachten noch kaum an Politik. Oft gehörten sie, wie beispielsweise Lafayette, Carra und Duval d'Eprémesnil, zu den Verehrern des charismatischen Geistheilers Mesmer.

Oder sie beschäftigten sich etwa, wie Marat, im stillen Kämmerlein mit phantastischen Abhandlungen über naturwissenschaftliche Probleme.

Es war der rasante Fortschritt von Wissenschaft und Technik, der die Aufmerksamkeit der Menschen fesselte. Enthüllungen unsichtbarer Kräfte waren die Sensation jener Jahre. Da war die Schwerkraft Newtons, stark wie Gottes Hand, die Erde und Himmel im Gleichgewicht hielt. Da war Franklins Elektrizität, welche die Urgewalten der Natur in sich barg und die Nacht zum Tag zu machen versprach. Und dann die wunderbaren Gase, leichter als Luft! Die Welt hielt den Atem an, als sich 1783 erstmals Menschen mit einem Ballon von französischem Boden aus in die Luft erhoben. Die Kräfte, die solche Wunder ermöglichten, konnte man weder sehen, noch riechen oder schmecken. Schon gar nicht konnte man sie verstehen, doch ihre Wirkungen waren unbezweifelbar. Wie eine göttliche Offenbarung erfüllte die Macht der Wissenschaft die Menschen mit ehrfürchtigem Staunen. Hatte man nicht noch gestern ins Reich der Magie verwiesen, was heute Wirklichkeit wurde? Eine Schar Bauern soll einem auf ihrem Felde niedergehenden Ballonflieger mit den Worten entgegengetreten sein: »Bist du ein Gott, oder bist du ein Mensch wie wir?« ([28] S. 30)

In der Tat, es schien nur noch eine Frage der Zeit, bis die Beherrschung der unsichtbaren Kräfte aus dem Menschen einen Gott gemacht haben würde.

Indessen, je mehr Geheimnisse die Wissenschaft der Natur entriß, um so irritierter war ein Publikum, das mit dem Gesangbuch der Kirche, nicht aber mit Lehrbüchern der Physik und Chemie groß geworden war. Die ersten Ballonflüge hatten noch einen ungeheuren Ausbruch kollektiver Begeisterung hervorgerufen. Aber indem die Wissenschaft den Himmel von den Engeln und mythischen Wesen entvölkerte, ließ sie den Menschen vor der kalten Leblosigkeit des Universums erschauern. Auf die Preisfrage der Akademie von Dijon, ob der Fortschritt der Zivilisation nun auch den Menschen gebessert habe, hatte Jean-Jacques Rousseau schon 1750 mit einem leidenschaftlichen Nein geantwortet. Sein preisgekrönter *Diskurs über die Wissenschaften und Künste* machte ihn über Nacht zu einem berühmten Mann, und der Verlust der Harmonie zwischen Mensch und Natur wurde zum öffentlichen Thema.

Auch Court de Gébelin gehörte zu denen, die von der Naturwissenschaft hier keine Lösung erwarteten. Er rang um eine ganzheitliche Form der Erkenntnis, bei der sich Weisheit und Wissenschaft miteinander versöhnen sollten. Seine geistige Heimat fand er in einer heute weitgehend vergessenen, aber machtvollen Unterströmung der Geistesgeschichte des 18. Jahrhunderts, dem Illuminismus.[4] Dessen Vertreter stellten in dieser Zeit, da die Wiederkehr von Mythos und Magie erstmals zum drängenden Bedürfnis wurde, eine Forderung an die Wissenschaft, mit der sich viele Gebildete identifizieren konnten: Zur Erforschung der Materie muß das Verstehen des göttlichen Lebensplanes treten. Deshalb soll der Wissenschaftler durch die Erfahrung des Übernatürlichen ›illuminiert‹, d. h. erleuchtet werden und die exakte Wissenschaft zur ›höheren Wissenschaft‹ *(haute science)* fortschreiten. Der Schlüssel zur Erkenntnis der heiligen Ganzheit lag für die illuminierten Wahrheitssucher im Menschen selbst: in der Wiedergewinnung intuitiver Erkenntnisfähigkeit, die, als Preis der Zivilisation, verloren gegangen war.

Für Court de Gébelin begann die Erneuerung des Menschen deshalb bei der Rückbesinnung. Seine Berufung war es, Wege freizulegen, auf denen wir in uns selbst zur sakramentalen Daseinsform der Anfänge der Menschheit zurückfinden. Intuitiv sollen wir wieder erkennen, daß die verborgenen Gesetze des Lebens und der Seele im Zusammenhang ursprünglicher kosmischer Harmonie wirken – oder wenigstens wirken könnten, wenn wir Augen hätten zu sehen und Ohren zu hören. Court de Gébelin hatte sie.

Alle Überlieferungen aus den Tiefen der Vergangenheit waren für ihn Bedeutungsträger einer ganz anderen Wahrheit, als sich trockene Geschichtswissenschaft träumen läßt. Worte

[4] Zum Begriff und zur zeitgeschichtlichen Bedeutung des Illuminismus vgl. [37].

waren da nicht einfach Worte, Gegenstände nicht einfach Gegenstände, selbst Ereignisse nicht einfach Ereignisse – alles war ›Allegorie‹, in Bildern, Mythen und Religionen verschlossener Ausdruck der Vollkommenheit des Daseins, bevor Welt und Überwelt auseinanderbrachen. Aber die Entfremdung des Menschen von seiner wahren Natur und der blinde Glaube an den Fortschritt der Erkenntnis führten zum Verlust des Verständnisses des geistigen Vermächtnisses der Alten:

»Diese zur Zeit ihrer Entstehung verständlichen Allegorien mußten nothwendig immer dunkler werden, jemehr man ihren Ursprung aus dem Gesichte verlohr, und sie für verfälschte Geschichte hielt.« ([25] S. 6)

Die Aufgabe des Forschers sollte es demzufolge sein, die Überlieferung wieder verständlich zu machen, damit sie ihre wunderbare Heilkraft für Seele und Gesellschaft erneut entfalten kann.

Unversehens kommt hier ideengeschichtliches Rohmaterial zum Vorschein, aus dem sich heute die New Age-Bewegung ihre Gedankenwelt formt. Der Brückenschlag zwischen Wissenschaft und Spiritualität begann nicht etwa erst mit Teilhard de Chardin oder Fritjof Capra, sondern mit der ›höheren Wissenschaft‹ der illuminierten Wahrheitssucher des 18. Jahrhunderts. Der Religionswissenschaftler Mircea Eliade hat es auf eine prägnante Formel gebracht, worum es damals wie heute geht, nämlich um »eine erlösende Wissenschaft: eine wissenschaftliche und gleichzeitig heilbringende Information.« ([33] S. 17)

Das war Erkenntnisstreben auch ganz nach dem Geschmack der feinen Gesellschaft in den Jahren, die der Französischen Revolution unmittelbar vorangingen. Hochtrabender Belehrungen der Vernunft-Apostel leid, vom ewigen Luxus gelangweilt, sehnte man sich wieder nach den herben Reizen des Ursprünglichen und dem Nervenkitzel der Geheimwissenschaften. Sollte doch Voltaire durch überlegene Ironie den Kirchenglauben entzaubern. Court de Gébelin erweckte etwas Besseres: die Fähigkeit zum kosmischen Bewußtsein.

Anerkennung durch offizielle Kulturinstanzen folgte auf dem Fuße. Die Jury der Akademie der Wissenschaften Frankreichs zögerte nicht, das zwischen 1773 und 1782 in neun Bänden veröffentlichte Monumentalwerk Court de Gébelins *Le monde primitif* (Die ursprüngliche Welt) gleich zweimal – 1780 und 1781 – unter die preisgekrönten Arbeiten aufzunehmen.[5]

Für den armen Privatgelehrten brachte die bescheidene Dotierung des Preises zwar nicht die Lösung seiner Geldprobleme. Für den Sohn eines protestantischen Querulanten aber kam die Ehrung einem Initiationsritus in die geschlossene Gesellschaft der kulturell führenden Schicht des Landes gleich.

Obwohl Court de Gébelin zu seinen Lebzeiten noch höchsten Ruhm als Gelehrter erlangte, hat er dennoch an bleibenden Erkenntnissen nichts hinterlassen. Seine Theorien und Erklärungsansätze waren in der Welt der Wissenschaft bald schon wieder überholt. Das gilt für seine Versuche, aus den Wurzeln hebräischer, griechischer, lateinischer und sanskritischer Wörter eine Ursprache der Menschheit zu rekonstruieren ebenso wie für seine allegorische Deutung der Hieroglyphen.

Nachhaltigen Einfluß übte Court de Gébelins Lebenswerk jedoch auf die Esoterik der Neuzeit aus. Die Gewißheit, der Welt ein uraltes, verborgenes Wissen wiederzugeben, ist seither ein wesentlicher Bestandteil ihres Selbstverständnisses.

Auch dort, wo das ästhetisch-philosophische Vermächtnis der abendländischen Geistesgeschichte im Blickpunkt des Interesses stand, hielt man Court de Gébelin in hohen Ehren. Seine Verdienste um ein Geschichtsbild, das den Fortschrittsgedanken mit der Besinnung auf die Ideale des klassischen Altertums verknüpfte, hob schon Adam Weishaupt (1748–1830) hervor. Er war Begründer eines politisch-aufklärerischen Geheimbundes, der zu seinen Mitgliedern Johann Gottfried

[5] Der vollständige Titel des ersten Bandes lautet übersetzt: »Die ursprüngliche Welt / analysiert und verglichen mit der heutigen Welt / betrachtet in ihrer Begabung für die Allegorie und in der Allegorie, die diese Begabung hervorbrachte.«

Herder, den Freiherrn von Knigge und Johann Wolfgang von Goethe zählte. Adam Weishaupt, ein hochgelehrter Mann, veröffentlichte bereits 1794 in Deutschland eine Textauswahl aus Court de Gébelins *Ursprünglicher Welt* unter dem Titel *Ueber den allegorischen Geist des Alterthums*. Im Vorwort bekennt er, was er Court de Gébelin verdankt, nämlich »daß ich der Durchlesung seiner Schriften einige der angenehmsten Stunden meines Lebens verdanke; daß mir das Alterthum noch durch keine andere Schrift so ehrwürdig geworden; daß ich noch kein Buch kenne, welches in mir die Begierde, mich mit dem Geiste der Alten, und den dazu führenden Quellen vertrauter zu machen, so lebhaft entflammt hätte...« ([25] S. VIII)

Festzuhalten ist also: Court de Gébelin, ein Intellektueller, der frühzeitig die Kopflastigkeit des modernen Menschen erkannte und ihr wortreich entgegenwirkte, war der Bannerträger aus der Vorhut des New Age. Aber nicht nur das Werk dieses Mannes ist von prototypischem Charakter, sondern auch der persönliche Entwicklungsweg. Sein Verlauf läßt erkennen, in welchem seelischen Boden die Religion des neuen Zeitalters ihre Wurzeln schlägt.

Der Wendepunkt im Leben des Antoine Court de Gébelin war gekommen, als er unter den Einfluß eines Menschen geriet, der das zu leben schien, was er selbst nur lehren konnte. Zu diesem Zeitpunkt, im Jahre 1783, gehörte Antoine Court in der streng hierarchischen Ständegesellschaft des *ancien régime* längst zu den seltenen Emporkömmlingen. Er verkehrte mit Ministern des königlichen Kabinetts, und am Hof standen ihm die Türen offen. Zu den Subskribenden seiner im Zweijahres-Rhythmus erscheinenden Abhandlungen gehörten, neben bedeutenden europäischen Bibliotheken, Diderot, Benjamin Franklin, d'Alembert, Persönlichkeiten aus dem Kreis der Familie des Königs und sogar hohe Würdenträger der katholischen Kirche. Außerdem war er der Gründer und Präsident des Musée de Paris, in dessen populärwissenschaftliche Vorlesungsreihen die Oberschicht strömte.

Im Jahre 1781 wurde Court de Gébelin zum Zensor ernannt. Damit hatte erstmals ein Protestant darüber zu entscheiden, was Franzosen lesen durften und was nicht. Es waren jedoch auch Rückschläge einzustecken. Von seinen Glaubensbrüdern hatte er nichts mehr zu erwarten – weder Geld noch Nestwärme. Für die Konservativen dagegen haftete ihm immer noch der Stallgeruch des protestantischen Ketzers an. Er fühlte sich tief getroffen, als die renommierte Académie des Inscriptions seine Aufnahme mit der Begründung ablehnte, er gehöre als Protestant nicht zur Gemeinschaft der Rechtgläubigen. Court de Gébelin mochte als Gelehrter bewundert, als Zensor gefürchtet und als gesellschaftlicher Aufsteiger beneidet werden. Als Mensch jedoch wandelte Antoine Court jr. immer noch auf schmalem Grat zwischen Anerkennung und Ausgrenzung.

Im Frühjahr 1783, im Alter von 64 Jahren, fesselte ihn ein rätselhaftes Leiden ans Bett. Müde geworden und mit Sorgen beladen, ein Opfer ständiger Anspanung und gehetzter Lebensweise, fühlte sich Court de Gébelin dem Tode nahe. Managerkrankheit zu diagnostizieren war Medizinern, die noch fest an die vier Körpersäfte und die Lebensgeister glaubten, verständlicherweise nicht möglich.

Da streckte sich ihm eine helfende Hand entgegen. Mehr als alles andere vermochte sie die kosmische Lebenskraft vom Himmel auf die Erde zu lenken und den Kranken Heilung zu bringen. Was Purgieren, Aderlassen und Zugpflaster nicht schafften, das bewirkte diese Hand ganz allein. Sanft strich sie die eine Seite des Körpers herab, dann die entgegengesetzte wieder hinauf, während die Augen des Heilers gleichzeitig scharf und verstehend den Blick des Kranken festhielten.

Franz Anton Mesmer (1734–1815) heilte die Krankheiten des Leibes und die Krankheiten der Seele, von Blindheit bis Lebensüberdruß. Für ihn gab es nur eine Krankheitsursache: die Störung des Gleichgewichts der Natur. Und es gab nur eine Heilung: seine Wiederherstellung durch Nutzbarmachung der innersten Lebenskraft. Sie durchdringt, wie er hervorhob, alles in unsichtbaren Schwingungen und Strömungen,

Abbildung 1. Antoine Court, genannt Court de Gébelin (1719–84); aus [41].

um jene Harmonie in uns herzustellen, die wir Gesundheit nennen. Diese von ihm gespürte Grundkraft nannte er den ›tierischen Magnetismus‹.

Mesmer war in den Jahren vor der Großen Revolution nicht nur der Modearzt der Pariser Gesellschaft. Er war der absolute Superstar der ersten Esoterik-Welle der modernen Welt. Das Journal de Paris, damals die einzige Tageszeitung Frankreichs, nannte ihn mit Vorliebe ›den göttlichen Deutschen‹ und räumte ihm über die Jahre 1783/84 in der Berichterstattung mehr Spalten ein als jedem Politiker ([28] S. 45). Vorgehensweisen und Accessoires seiner Magnetisierungs-Behandlungen, mit denen er aufsehenerregende Heilungen vollbrachte, wurden zum Gegenstand landesweiter publizistischer Kontroversen.

Offiziell aus Sorge um die Sittlichkeit der Nation, möglicherweise aber auch, um sich vor ständigen Aufforderungen zu retten, es beim Kampf gegen das Übergewicht doch einmal mit einer Magnetisierungs-Kur zu versuchen, sah sich der König höchstpersönlich zum Gegensteuern genötigt. Ludwig XVI. setzte eine Enquête-Kommission ein, um dem Spuk mit wissenschaftlicher Aufklärung zu begegnen. Berufen wurden die berühmtesten Naturwissenschaftler im Lande, darunter der Chemiker Lavoisier und der Erfinder Franklin, seinerzeit amerikanischer Botschafter in Paris.

Als dieser Untersuchungsausschuß den tierischen Magnetismus nach langwierigen Recherchen schließlich für nicht meßbar und deshalb nicht existent erklärte, begann eine vernichtende Pressekampagne gegen Mesmer. Um seinen Ruf war es geschehen. Erst viel später erfuhr sein Wirken eine Rehabilitierung durch Wilhelm Christoph Hufeland (1762–1836), den ersten Arzt der Berliner Charité, die medizinische Koryphäe seiner Zeit. ([11] S. 78)

In jenem Frühjahr 1783, auf dem Höhepunkt der Mesmeromanie, nahm Court de Gébelin Kontakt mit dem berühmten Heiler auf. Eine erste Behandlung verlief vielversprechend. Tags darauf war der Patient in der Lage, das erstemal seit Monaten wieder aufzustehen. Spontan begab er sich, ohne Rücksicht auf die Etikette nur »in Pantoffeln und ohne Gamaschen« ([24] S. 8), ins Therapiezentrum Mesmers, das luxuriöse Hôtel de Coigny.

Dort spielten sich Szenen ab, die es mit jedem Workshop für Psychodrama oder Urschrei-Therapie hätten aufnehmen können. Und, was nicht weniger wichtig für den einsamen, alten Mann gewesen sein mochte: Hier schienen jene sozialen Schranken aufgehoben, die ihm bei allem Erfolg stets seine Grenzen aufgewiesen hatten. Die verlorene, ursprüngliche Harmonie der Gesellschaft, deren Spuren er in der Geschichte sichern wollte, hier wurde sie scheinbar gelebt. »Das Haus Dr. Mesmers«, schrieb ein Zeitgenosse, »ähnelt einem der Gottheit geweihten Tempel, der alle Klassen der Gesellschaft in sich vereinigt. Dort sieht man Staatsmänner, Abbés, Marquisen, Prostituierte, Offiziere und Soldaten, Bauern, Gecken, Ärzte, junge Mädchen, Hebammen, Intellektuelle, Häupter mit Perücken, Menschen vom Tode gezeichnet und Menschen in der Vollkraft ihres Lebens.« (Zit. nach [11] S. 66 f.)

Court de Gébelin fühlte sich bald wieder soweit hergestellt, daß er sich in angemessener Form bei seinen Gönnern zurückmelden konnte. In einem gedruckten *Rundbrief des Autors der Ursprünglichen Welt an seine Herren Subskribenden* (Paris 1783) berichtete er enthusiastisch von seiner Heilung durch Mesmer und kündigte an, bald wieder in gewohnter Weise tätig zu werden. Es sollte anders kommen.

Am 12. Mai 1784 starb der Patient während einer Anwendung der magnetischen Kur unter den Händen des Heilers. Mit charakteristischer Unnachgiebigkeit, aber auch einem Mutterwitz, der uns im Streit um die Wahrheit abhanden gekommen zu sein scheint, schufen seine Gegner einen satirischen Nachruf. Am Tage des Begräbnisses flatterte ein Pamphlet durch die Gassen von Paris. Darauf konnte man lesen:

Griechisch, Hebräisch und Latein,
der arme Gébelin sprach‘s fein.
Und dann noch diese Konsequenz!
Da liegt er nun – der Märtyrer der Transzendenz...[6]

Court de Gébelin überraschte die Welt mit der Nachricht, in simplen Spielkarten sei ewige Weisheit verborgen. Er erklärte Tarot zum allegorischen Bilderbuch, zum Spiegel des kosmischen Geschehens und des menschlichen Lebens.

Warum war dieser Idee ein so ungeheurer Erfolg beschieden? Funktioniert die Vereinigung von Mythos und Tarot, weil sogar heute noch eine »Sucht nach dem Paranormalen und Parapsychischen« besteht? Weil einfach »faktisch eine Rehabilitierung all dessen..., was Wissenschaft und Christentum in schöner Einmütigkeit als Aberglauben abqualifiziert hatten« ([57] S. 21) gefragt ist? Auch die Kritik an den Auswüchsen des New Age muß sich daran messen lassen, ob sie ihr

[6] Den französischen Text findet man in [32] S. 103.

Urteil auf differenzierter Beobachtung oder auf bequemer Verallgemeinerung aufbaut.

Gewiß werden Mantik[7] und Magie gerade heute wieder als Zeugen der Wahrheit und Garanten persönlichen Erfolgs in Anspruch genommen. Ausgerechnet dem Menschen der postmodernen Zukunftsgesellschaft scheint die Spökenkiekerei wieder zur Leidenschaft zu werden.

Doch die Wassermann-Generation geht wählerischer mit geistesgeschichtlichem Erbe dieser Art um, als ihre Kritiker es meist darstellen. Es ist eben nicht so, daß alles, was in alten Zauberbüchern gelehrt wurde, heute seine Renaissance erlebt. Das Repertoire an mantischen Techniken, aus dem unsere Vorfahren schöpften, bestand eben nicht nur aus Astrologie, Handlinienlesen und Kartenlegen.

Kiesewetter, der große Kompilator der Methoden esoterischer Erkundung der Zukunft, beschreibt mehr als 30 unterschiedliche Verfahren aus der Hinterlassenschaft des mittelalterlichen Divinationswesens ([66]). Die neuere Forschung wies durch systematische Auswertung des antiken und mittelalterlichen Schrifttums gar die erstaunliche Zahl von 123 verschiedenen Wahrsagearten innerhalb des abendländischen Kulturkreises nach (vgl. [102]). Der allergrößte Teil dieser Techniken hat nur noch museale Bedeutung und dürfte allenfalls den Volkskundler, nicht aber den Praktiker der Divination interessieren.

Tarot aber erlangte höchste Aktualität, ist gar zum Ansatzpunkt einer spirituellen Ökumene geworden, die sich in aller Welt vor diesen modernen Ikonen zu kultischen Akten versammelt. Dieses doch erstaunliche Phänomen ist eben nicht schon mit dem einfachen Hinweis auf die Bedürfnisstruktur unbelehrbarer Randgruppen erklärt, in denen »die Realitäten der modernen Welt unter den Teppich gekehrt werden.« ([57] S. 57)

Um das Erfolgsgeheimnis des esoterischen Evergreens ›Tarot‹ zu lüften, muß man die Spur dort aufnehmen, wo sein

[7] Von Griechisch *mantis*, Seher. Eine weitere Bezeichnung für Wahrsagen und Hellsehen.

Abbildung 2. Kartenspiel in einem Pariser Salon (1783); aus [5].

Siegeszug wirklich begann. Das war nicht etwa unter den Eingeweihten der mythischen Vorzeit und schon gar nicht im sozialen Niemandsland irgendeiner Protestsekte. Nein, die verborgenen Weisheitsschätze der magischen Karten wurden in gepflegter Atmosphäre, im Kreise der höfischen Gesellschaft Frankreichs gehoben.

Man schrieb das Jahr 1781. In Paris, im Salon einer Madame de la C. d'H., unter handverlesenen Gästen, trat ein offenbar nichtsahnender Court de Gébelin an den Tisch, wo die Damen und Herren beim Kartenspiel saßen. Man spielte weder Whist noch Piquet, sondern ein fremdes Spiel, das die Gastgeberin in Deutschland oder der Schweiz kennengelernt hatte. Sein Name war ›Tarot‹.

Court de Gébelin war fasziniert. Die Bilder dieser Karten mit ihren teils frommen, teils frivolen Motiven berührten ihn seltsam. Ja, er hatte sie schon einmal gesehen – in seiner Jugend, in der Schweiz, doch jetzt sah er sie mit ganz anderen

Augen. Da überkam ihn eine Eingebung aus den tiefsten Schichten archetypischer Erinnerung.

Dies war mehr als ein Spiel!

»Ich erblickte etwas, was niemand je darin gesehen hatte ... Kaum hatte ich die Augen darauf geworfen, da entdeckte ich die Allegorik ... und in einer Viertelstunde war das Spiel überblickt, war gedeutet und als ägyptisch erkannt.« ([23] S. 367)

Die Entdeckung des Geheimnisses im Tarot war nicht die saure Frucht analytischen Denkens, das sich mühsam durch Kausalketten hindurchquält. Hellsichtige Einfühlung lüftete den Schleier, der die Bewußtseinsebenen trennt und öffnete Court de Gébelin die Augen für die Urbilder der Seele. Wie auf der Hochzeit von Kanaan aus Wasser Wein wurde, so wurde im Salon der Madame de la C. d'H. aus bunt bemalten Pappdeckeln ein Weisheitsbuch der Menschheit.

Für Court de Gébelin mag die Art und Weise dieser Entdeckung nur ein ganz normaler Anwendungsfall höherer Wissenschaft gewesen sein. Für sein Publikum dagegen, die ständig wachsende Gemeinde des Tarot, bedeutete es eine Offenbarung. Es war die Geburt eines modernen Mythos, dessen Anpassungsfähigkeit an den Zeitgeist unserer Epoche nichts zu wünschen übrig läßt.

In der gesellschaftlichen Führungsschicht des vorrevolutionären Frankreich machte sich niemand lächerlich, der im Trivialen den Tiefsinn erblickte. Wo die Gestaltung der reichlich bemessenen Mußestunden zum Lebensziel wird, kann ein Kultus des Spiels auf eine Gemeinde andächtiger, hingegebener Anhänger zählen, die mit gebeugten Rücken vor ihren Devotionalien sitzen. Die Gelegenheit war mehr als günstig für die Verkündigung der Spielkarten als vergessenem heiligen Buch der Menschheit!

Im Zeichen der Rückkehr der Zauberer ließen sich die Vordenker erlösender Wissenschaft diese Chance nicht entgehen. Sie taten ein Übriges an ikonographischer Gestaltung, geheimwissenschaftlicher Theoriebildung und psychologischem Raffinement. Das Mysterium Tarot, wie Hermann Hesses *Glasperlenspiel* eine erlesene Form des Suchens nach dem

Vollkommenen, ein Spiel mit den Werten und Inhalten unserer Kultur, ist zum Parvenü der Esoterik des Abendlandes geworden.

Als Court de Gébelin im Salon der Madame de la C. d'H. seinen Auftritt hatte, war Tarot in Paris ein unbekanntes Spiel. Es war in der französischen Metropole seit Anfang des 18. Jahrhunderts aus der Mode gekommen ([32] S. 104). Andere Kartenspiele, vor allem das regeltechnisch weniger anspruchsvolle und nicht mit dem unhandlichen 78er Blatt gespielte Piquet, hatten die Gunst des Publikums erobert. Nur im Osten und Süden Frankreichs wurde noch Tarot gespielt ([32] S. 287). Für die Pariser hingegen war es schon wieder eine Entdeckung.

Um so besser für eine neue Mode. Auch ein Mysterium gewinnt nur an Reiz durch die Distanz zur Lebenswelt, aus der es stammt – oder auch nur zu stammen scheint. Court de Gébelin wußte, wie man diesen altmodischen Karten exotisches Flair verleihen konnte. In diesem Jahrhundert, da Indien noch ein Land wie auf einem fernen Planeten war, galt Ägypten als das Land der Wunder, fern genug als Objekt spiritueller Nostalgie, nahe genug, um sich darüber informiert zu zeigen.

Das gesamte Spektrum höherer Wissenschaft, von den Liebestränken des Cagliostro über das sympathetische Pulver, ein Allheimmittel des Sir Kenelm Digby (1603–1648), bis hin zur neuplatonistisch, gnostisch und kabbalistisch inspirierten Metaphysik, die in ungezählten Geheimgesellschaften blühte, all das galt als geistiges Erbe des gehimnisumwitterten Landes am Nil. Da mußte auch für Tarot gelten: »Ägyptizismus reinsten Wassers *(l'egyptianisme tout pur)*.« ([23] S. 374)

Doch was wußte man schon über dieses Land, in dem die Wiege der menschlichen Kultur gestanden haben sollte? An Informationen aus erster Hand besaß man zum einen die Reiseberichte abenteuerlustiger Zeitgenossen, zum anderen die Texte von Autoren der griechisch-römischen Antike. Erstere verstand man zwar, aber sie selbst verstanden das nicht, was sie gesehen hatten. Letztere hatten vielleicht die Geisteswelt der alten Ägypter verstanden, aber sie selbst verstand niemand mehr, außer einigen Klerikalen mit einem Faible für kultivierte Heiden. Einer von Ihnen war Jean Terrasson (1670–1750), der den Priesterstand verließ, um eine Laufbahn als Literat einzuschlagen.

Ein wenig Historie und viel Phantasie machten seinen Roman *Sethos* (erschienen 1731) zum Bestseller. Darin werden Sethos, dem Prinzen von Memphis, harte Prüfungen auferlegt, um in die Mysterien der Isis eingeweiht und dadurch ein würdiger König im Reiche seines Vaters werden zu können. Diese Geschichte bewegte die Herzen einer ganzen Generation, die auf der Suche nach der Religion der Vernunft war. Der Roman wurde weithin als Quelle authentischer Information über Religion und Magie im alten Ägypten akzeptiert. *Sethos* hatte allergrößten Einfluß auf die illuminierten Wahrheitssucher.[8] Bestimmte seiner Erzählmotive erlangten eine große Bedeutung für die Ausgestaltung des Mythos Tarot und kehren in der einschlägigen Literatur in immer neuen Variationen bis heute immer wieder.

Fest verwurzelt in dieser Gedankenwelt war auch der Mann, der im Kartenspiel Tarock ein tiefes Mysterium erkannte und versicherte, es sei die bildhafte Niederschrift eines vergessenen heiligen Buchs der Menscheit, nämlich das geistige Erbe des ägyptischen Gottes Thot. Was als bloßes Spiel schon ausgedient hatte, macht seither eine zweite Karriere als ›Buch Thot‹. Der dieses Kunststück vollbrachte, trat als Spurensicherer des Heils aus der Vergangenheit auf. In Wahrheit verwischte er seine eigenen Spuren als Schrittmacher eines modernen Mythos.

Die Vielschichtigkeit der Gestalt des Antoine Court de Gébelin wird deutlich, wenn man sich seine Aktivitäten als Freimaurer vor Augen hält. Zum einen war er Schriftführer der Loge ›Neun Schwestern‹, ihr berühmtestes Mitglied hinter Voltaire und Benjamin Franklin. Diese Gruppierung, auch die Loge der Philosophen genannt, fühlte sich dem freiheitlich-so-

[8] Wie willkommen der Roman in der literarischen und gebildeten Welt der Zeit war, zeigt, daß kein anderer als Matthias Claudius für die deutsche Übersetzung sorgte ([135]).

Abbildung 3. Die 22 Trümpfe des *Tarot de Marseille* (Mitte des 18. Jahrhunderts); aus [5].

zialen Ideal der traditionellen Freimaurerei verpflichtet. Daneben gehörte er aber noch zu den Philaleten, auch ›Göttlicher Orden der Wahrheitssucher‹ genannt. Diese Vereinigung verkörperte den starken mystischen Zug, der seinerzeit in die französischen Logen hineingetragen wurde. Das Ritual der Philaleten wurde vor allem durch ihre illuminierte Ägyptologie inspiriert und leitete sich nicht zuletzt von Terassons *Sethos* her (vgl. [41], [42], [63]). Ihr erklärtes Ziel war die Wiederentdeckung einer uralten geheimen Erlösungslehre, die im Untergrund der Geistesgeschichte von Eingeweihten bewahrt worden sei.

Court de Gébelin wollte mit Hilfe des Tarot der Öffentlichkeit diese Geheimlehre erkäutern. Dazu griff er einfach auf die in Frankreich noch gebräuchlichen Tarock-Karten zurück, nämlich den *Tarot de Marseille*, eine Gestaltungsform des Tarock-Spiels, die sich spätestens seit 1700 eingebürgert hatte. ([32] S. 135, vgl. Abbildung 3)

Wie unschwer zu erkennen ist, mußte schon ein wenig nachgeholfen werden, um in diesem Spiel ägyptische Wurzeln zu erkennen. Die dazu notwendige Überzeugungsarbeit begann mit einer Feststellung, die seither oft gehört worden ist: Die Kartenmacher hätten den esoterischen Gehalt des Tarot entstellt. Infolgedessen präsentierte Court de Gébelin neue Zeichnungen der Karten. Sie entsprechen jedoch bis auf eine einzige Ausnahme weitgehend den gewohnten Bildern, wie sie Mitte des 18. Jahrhunderts von Foutrier, Conver und sicher noch anderen Kartenmachern in Marseille gezeichnet wurden. Bei Court de Gébelin sind die meisten Motive spiegelverkehrt abgebildet.

Die einzige bedeutsame grafische Umgestaltung des Tarot de Marseille durch Court de Gébelin gibt einen lehrreichen Einblick in seine Arbeitsweise. Um seine Interpretation im festen Grund der Geschichte zu verankern, wird ein großer Name bemüht. Platon hatte den Menschen vier Haupttugenden empfohlen. Drei davon waren in bestimmten Tarock-Karten augenfällig: ›Kraft‹ *(La Force)*, ›Gerechtigkeit‹ *(Justice)* und ›Mäßigkeit‹ *(Tenpérance)* schienen nach Bild und Titel den Tugenden der Tapferkeit, Gerechtigkeit und Weisheit zu entsprechen. Nur die vierte Tugend der platonischen Philosophie, Besonnenheit, fehlte offenbar.

Court de Gébelin entdeckte sie jedoch in der zwölften Trumpfkarte des Tarot de Marseille. Sie wird als ›Der Gehängte‹ bezeichnet, weil der darauf abgebildete Mann an einem Fuß aufgehängt ist. Eine solche Darstellungsweise schien Court de Gébelin aber ganz und gar nicht zur ursprünglichen Aussage dieser Karten zu passen, so daß er sich zu einer Korrektur entschloß. Er kehrte das Motiv um, so daß die Gestalt nicht mehr hängt, sondern, an einem Pflock angebunden, auf einem Bein steht. Denn Court de Gébelin meinte zu wissen, was die Hierophanten Ägyptens sich eigentlich dabei gedacht hatten:

»Die Besonnenheit konnte in gebührender Weise nur durch einen Mann dargestellt werden, der, auf einem Fuß stehend, den anderen nach vorn setzt und dabei innehält, um den Platz zu prüfen, auf den er ihn setzen will.« ([23] S. 372)

Diese Maßnahme und ihre Begründung sind überaus charakteristisch für Court de Gébelins souveränen Umgang mit den Zeugnissen der Geschichte. Liefert irgendein Motiv, das ihn anspricht, nicht genügend Anhaltspunkte für eine Interpretation ›im allegorischen Geist des Altertums‹, wird es für verfälscht erklärt und einfach verändert und umdefiniert, bis die vermeintlich ursprüngliche Aussage wieder verständlich wird. Auf diese Weise wird allen der Weg gewiesen, auf dem immer neue Entdeckungsreisen in die Welt der magischen Karten unternommen werden können.

So wurzelt die Tarot-Deutung weniger in uralter Weisheit, wie gerne behauptet wird, sondern sie hat ihre verschwiegenen Bezugspunkte in der Vorstellungswelt des Interpreten. Das war schon bei der Wiedereinsetzung des ›Gehängten‹ als Repräsentant einer platonischen Tugend so. Dabei dürfte Court de Gébelins Phantasie ein bestimmtes Motiv in einem Tarock-Spiel auf die Sprünge geholfen haben, das um 1720 in Frankreich erschienen war (vgl. Abbildung 4, links). Der Mann auf der Trumpfkarte XII in diesem Spiel ist aufrecht dargestellt, er schreitet auf die von Court de Gébelin beschriebene Weise nach vorn, und sogar der Titel der Karte ist ›Die Besonnenheit‹ *(La prudence)*.

Bis auf ein paar Kleinigkeiten beließ es Court de Gébelin bei diesem Eingriff in die gewohnte Ikonographie des Tarot de Marseille. Mehr als die Bilder der Karten schienen den belesenen Gelehrten ihre Titel anzuregen, die reine Lehre des Buches Thot zu ihrem Recht kommen zu lassen. In diesen Begriffen teilte sich doch allzu eindeutig die christlich-abendländische Gedankenwelt mit. Die Botschaft des Tarot zu entschlüsseln hieß auch, einen passenden Namen für jede Karte zu finden, damit ihr Bild als ein Symbol ägyptischer Geheimwissenschaft identifiziert werden konnte. So mußte aus dem ›Papst‹ der ›Hohepriester‹ bzw. ›Oberste Hierophant‹ werden. Der ›Teufel‹ wurde zu ›Typhon‹ und der ›Wagen‹ zum ›Triumphierenden Osiris‹ usw.

Plausibel konnte all das nur demjenigen erscheinen, der Court de Gébelins Auffassung vom Ursprung des Kartenspiels Tarock übernahm. Danach hatten ägyptische Priester ihre Lehren in allegorischen Bildern versteckt. Um sie nicht in Vergessenheit geraten zu lassen, sei man auf die originelle Idee verfallen, daraus ein Spiel zu machen. Aus diesem ›Ur-Tarot‹ entstanden nach Court de Gébelin alle anderen Kartenspiele. Niemand, am allerwenigsten die Spieler, habe jemals eine Ahnung davon gehabt, womit man sich eigentlich die Zeit vertrieb. Tarot, ein raffinierter geheimwissenschaftlicher Schmuggel durch die Jahrtausende.

Court de Gébelins ›Ewiger Tarot‹, ein Paradebeispiel der Versöhnung von Weisheit und Wissenschaft, geht mittlerweile ins dritte Jahrhundert seines schillernden Daseins. Man mag seinem Schöpfer geisteswissenschaftliche Gaukelei vorwerfen. Was die Vorbereitung des unaufhaltsamen Aufstiegs des Tarot im Weltreich der Magie betrifft, bewies er bewundernswürdigen Scharfblick. Die Geheimnisse eines Kultes, der die Jahrhunderte überdauern sollte, konnte auch unmöglich in esoterischen Tagesfragen des ägyptophilen 18. Jahrhunderts allein beschlossen sein. Immerhin war kaum vorherzusehen,

Abbildung 4. Trumpfkarte XII im Tarock-Spiel eines anonymen französischen Kartenmachers (um 1720) und im Tarot Court de Gébelins (1781); aus [64], [23].

daß Pyramiden-Energie und initiatische Nilfahrten genau 200 Jahre später eine erstaunliche Nachblüte erleben sollten.

Court de Gébelin war nicht darum verlegen, das Renommee des frisch entdeckten Buches Thot durch den Zugriff auf weiteres Überlieferungsgut der Esoterik des Abendlandes zu heben. Ging nicht von alters her die Rede, daß die Magie von den Juden am vollendetsten beherrscht werde?

Diese Überzeugung war mit einem Namen untrennbar verbunden. Er galt bei den europäischen Völkern als Inbegriff der geheimen Mächte schlechthin: Kabbala. 1783 gab in Mannheim der berühmte Schauspieler Iffland einem jungen, mittellosen Dichter namens Friedrich Schiller den Rat, sein Drama *Luise Millerin* doch vor der Premiere in *Kabale und Liebe* umzubenennen. Er wußte, warum. Denn er kannte sein Publikum. Verhieß der neue Titel doch selbst in einem bürgerlichen Trauerspiel prickelnde Spannung, ein Spiel von Intrige und finsterer Macht.

Vom Nimbus der Kabbala profitierte auch Court de Gébelins ureigene Schöpfung, das Buch Thot. Sein Urheber stellte einfach die Behauptung auf, die 22 Trümpfe des Tarock-Spiels seien in Wahrheit bildhafte Entsprechungen der 22 Buchstaben des hebräischen Alphabets. Offensichtlich machte das zunächst wenig Eindruck. Als jedoch ein gewisser Éliphas Lévi ein dreiviertel Jahrhundert später klarstellte, daß jüdische Adepten im Mittelalter mit diesen Buchstaben Wunder vollbracht hätten, begann eine große Diskussion darüber, wie die 22 Trümpfe den Elementen kabbalistischer Buchstabenmagie zuzuordnen seien. Welche Bedeutungsdimension der kabbalistische Tarot noch annehmen sollte, konnte sein Urheber 1781 wahrlich nicht ahnen.

Court de Gébelin warf einen weiteren Stein ins Wasser, der bis heute seine Kreise zieht. Es ging um die Antwort auf die Frage, wer die Tarot-Karten nach Europa gebracht habe, wenn sie schon nicht hier entstanden sein sollten. Court de Gébelin meinte, es seien jene Fahrensleute gewesen, deren Auftauchen im 15. Jahrhundert in Mittel-, West- und Südeuropa gewaltigen Eindruck gemacht hatte. Auch hier bereitete er den Boden für eine Symbiose zwischen Tarot und einer festen Größe esoterischer Überlieferung, nämlich den Wahrsagekünsten des Volkes der Sinti und Roma.

Damit war das Entwicklungsprogramm für künftige Tarot-Forschungen aufgestellt. Wer den Urgrund des Tarot finden will, der geht auf Exkursion in die Sinnwelten Ägyptens, der Kabbala oder auch der Zigeuner-Weisheit. Doch mehr als alle Klügelei über legendäre Ursprünge war es die Fusion mit der Wahrsagerei, die dem Tarot seine unverwüstliche Volkstümlichkeit eingebracht hat. Glück und Unglück, Liebe und Haß, Geburt und Tod – das sind die Urthemen menschlichen Daseins, über die man durch die Kartenlegerei Aufklärung erwartet. Auch diesen Teil der Weisheit des Buches Thot mochte Court de Gébelin seinen Lesern nicht vorenthalten.

Als Praktiker des Zauberglaubens hätte ein Preisträger der französischen Akademie der Wissenschaften selbst in dieser auf Wunder aller Art lauernden Zeit allerdings mit Imageproblemen zu rechnen gehabt. Doch in diesem Fall besaß er ein ungewöhnliches Talent dafür, die ihm verordnete Rolle zu spielen und überdies ein Schlupfloch zu finden, um noch auf einer anderen Bühne agieren zu können. Um Tarot auch im Herrschaftsgebiet handfesten Aberglaubens heimisch zu machen, hatte ein anderer seinen Namen herzugeben. Nicht irgendjemand natürlich, sondern eine Persönlichkeit, deren Glaubwürdigkeit über jeden Zweifel erhaben schien. Court de Gébelin fügte seinem Tarot-Essay die Ausführungen eines anderen Autoren hinzu, durch die alle an der Wahrsagerei interessierten Leser seines Buches eine Lektion erhielten. Dieser Mann wurde als der General und Provinzgouverneur Graf von M.*** vorgestellt. »Mit erfindungsreichem Scharfsinn«, schreibt Court de Gébelin, habe er »die ägyptischen Prinzipien der Kunst der Karten-Divination wiederentdeckt.« ([23] S. 366)

Ob es diesen großen Unbekannten in der ersten Stunde der Tarot-Divination wirklich gegeben hat oder ob nur ein Pseudonym vorgeschoben wurde, um den guten Ruf Court de Gébelins zu wahren, mag jeder selbst entscheiden. Die erteilten Instruktionen in den Prinzipien des Kartenlegens waren, rein sachlich gesehen, alles andere als eine Offenbarung. Man kannte diese Dinge seit Jahrzehnten aus der Praxis stadtbekannter Kartenleger.

Doch entscheidend war etwas ganz anderes. Letztere übten ihre Tätigkeit mit modegängigen Kartenspielen aus. Nun aber hatte einer der berühmtesten Gelehrten des Landes die altertümlichen, etwas wunderlichen Tarot-Karten zu Trägern transzendenter Wahrheit erklärt und obendrein noch eine geheimnisvolle Persönlichkeit präsentiert, die damit nach Art der alten Ägypter weissagte. Ob gewollt oder nicht, jedenfalls war damit allen anderen Systemen das Wasser abgegraben. Für das Kartenlegen bürgerte sich jetzt die wohlklingende Bezeichnung ›Kartomantie‹ ein. Ob *cartes de bonne aventure* in Frankreich, Zieh- und Aufschlagkarten in Deutschland oder *conversation cards* in England – alle diese Schöpfungen des neuen Kultes standen von nun an im Schatten des Tarot.

Von der Passion zur Wissenschaft

Innovation ohne Tradition ist in der Esoterik undenkbar. Nur wenn sich eine neuartige Idee als Teil heiliger Überlieferung legitimieren kann, wird sie sich hier durchsetzen. Im Mythos Tarot vereinigt sich beides: Ein Spiel als Hort des Heiligen verspricht lockeren Zugang zu den innersten Wahrheiten von Seele und Kosmos. Es paßt vorzüglich zur spontanen, ungezwungenen Frömmigkeit, die Ausdruck einer persönlichen und gesellschaftlichen Transformation im Zeitalter des Wassermanns werden soll. Aber der Tarot zehrt auch vom Renommee versunkener religiöser Welten, deren würdevolle Weisheit uns zum Geheimnis geworden ist. Das Mysterium des Buches Thot scheint von der Patina steinalter Überlierferung veredelt zu sein.

Heute wird zwar bei jeder Gelegenheit hervorgehoben, »daß die neu gewachsene Verbreitung des Tarots ... wenig esoterisch, sondern psychologisch und lebenskundlich ausgerichtet ist.« ([19] S. 13) Abschied nehmen vom Mythos Tarot mag man aber nicht, denn damit wird schließlich auch ein psychisches Bedürfnis spirituell Übender erfüllt.

Als religionsgeschichtliche Antiquität kann Tarot aber wohl nur Eindruck erzielen, solange sich sein Ursprung im Dunkel der Vergangenheit zu verlieren scheint. An phantastischen Hypothesen über seine Herkunft herscht deshalb kein Mangel. Es besteht aber kein Grund, angesichts der verwirrenden Vielfalt der Vermutungen resignierend festzustellen, »daß wir bisher nicht einmal wissen, ob die Tarotkarten orientalischen oder abendländischen Ursprungs sind« ([134] S. 12). Der Kreuzzug für den Mythos Tarot hat den Blick auf die historischen Fakten nur weitgehend vernebelt.

Auch das Kartenlegen, ob mit oder ohne Tarot-Karten, wird zum Gegenstand beflissener Theoriebildung hinsichtlich seiner Ursprünge und Entwicklung. Da jedoch nichts daran besonders unklar ist, erscheint diese Art der Geschichtserkenntnis überflüssig wie ein Kropf. Unter dem Gesichtspunkt der Mystifikation aber hat sie eine ganz bedeutsame Aufgabe, nämlich den Gedanken nahezulegen, Spielkarten und Wahrsagerei gehörten von jeher zusammen.

Court de Gébelins These vom ägyptischen Ursprung der Tarot-Karten war schon drei Jahre später von Johann Breitkopf widerlegt worden ([17]). Damit war aber nicht etwa der Mythos Tarot ad acta gelegt. Auch wenn heute seriöse Forscher wie Detlef Hoffmann ([59], [60]) und Michael Dummett ([32]) die Einführung der Spielkarten nach Europa ins letzte Drittel des 14. Jahrhunderts setzen, lockt die Schrittmacher des Mythos Tarot doch nach wie vor das Geheimnis. In der Regel geben sie ja wenig auf die Erkenntniskraft nicht-illuminierter Historiker. Ein Ergebnis biederer Tatsachenwissenschaft nehmen sie jedoch dankbar zur Kenntnis, den »Trend zum Wiederaufleben heidnisch-klassischer Glaubensvorstellungen« ([31] S. 30) gerade in der Zeit, als sich das Kartenspiel Tarock über fast ganz Europa verbreitete, nämlich im 15. und 16. Jahrhundert. Daraus scheint sich ganz zwanglos die Möglichkeit zu ergeben, diese beiden historischen Ereignisse miteinander in Bezeiehung zu setzen.

Im 15. und 16. Jahrhundert erlebten Mantik und Magie unleugbar einen außerordentlichen Aufschwung. Seitdem die Kirche in der Spätantike ihre Herrschaft angetreten hatte, waren diese beiden Künste als anrüchig gebrandmarkt worden. Immerhin hatten sie, vom Klerus teils heftig bekämpft, teils stillschweigend geduldet, zusammen mit der Astrologie stets ihre Rolle als geistige Mächte gespielt.

Seit dem Ausgang des Altertums war die Autorität des Stuhls Petri nicht mehr so in Frage gestellt worden wie in der Zeit, die dem Durchbruch der Reformation voranging. Dies war die Epoche, in der ein Wissenschaftler einerseits Mathematiker, andererseits Augur zu sein hatte. Viele Gebildete neigten dazu, sich ein Bild von der Welt zu machen, das zwischen dem Menschen und dem göttlichen Urgrund nicht mehr die himmlischen Heerscharen ansiedelte, sondern die hellenistischen Planetengötter oder die stufenweisen Emanationen des kabbalistischen Baumes der Sefirot. Indessen grub das Volk die im Grunde nie ganz vergessenen Gebräuche elementaren Zauberglaubens wieder aus. Selbst Folter und Schauprozesse der Inquisition konnten daran wenig ändern.

Jetzt traten auch volkstümliche Heroen hervor, denen man die Beherrschung des Schicksals, der Lebenskraft und alle Arten von übernatürlichen Fähigkeiten zutraute. Da war Johannes von Heidenberg (1462–1516), Trithemius genannt nach seinem Geburtsort Trittenheim bei Trier, der Abt des Benediktinerkloster Sponheim. Noch heute weiß man nicht genau, ob er nur ein Geistlicher mit etwas außergewöhnlichen Interessen oder auch ein wirklicher Magier gewesen ist. Er wurde von den berühmtesten Zeitgenossen um Rat gefragt und soll 1482 Kaiser Maximilian den Geist seiner verstorbenen Gemahlin Maria von Burgund beschworen haben. ([12] S. 435)

Ein anderer, Heinrich Cornelius, wurde ebenso berühmt wie berüchtigt als Agrippa von Nettesheim (1486–1535). Er gilt als das lebendige Vorbild der literarischen Faust-Figur. Sein Frühwerk *De occulta philosophia* gab der Geisteshaltung, für die es heute noch steht, den Namen ›Okkultismus‹.

Nicht zu vergessen sind in diesem Zusammenhang der deutsch-schweizerische Arzt, Alchemist und Philosoph Theophrastus von Hohenheim (1493–1541), unter dem Namen Paracelsus als Begründer einer ganzheitlichen Medizin gefeiert, sowie Guillaume Postel (1510–1581), ein Orientalist, Mathematiker und Kabbalist aus der Normandie. Letzterer wollte Offenbarungen über eine künftige Einheit der Religionen erhalten haben und wurde deshalb von der Inquisition für nicht zurechnungsfähig erklärt.

Die Werke von Trithemius, Agrippa, Paracelsus und Postel wurden immer wieder ins Feld geführt, um die Ahnengalerie der Tarot-Esoterik mit großen Namen zu schmücken. Doch kein Name hat die Welt des Tarot bis heute so in Atem gehalten wie der des legendenumwobenen Ahnherrn der esoterischen Weltanschauung, Hermes Trismegistos. Schon in der Antike war der Irrtum weit verbreitet, es habe sich dabei um eine historische Persönlichkeit gehandelt. Platon hatte ihn als Erfinder von Maß, Zahl und Schrift gerühmt. Nach Plinius d. Ä. trug Hermes den Beinamen Trismegistos (›Der dreimal Größte‹), weil er die drei Teile der antiken Magie – Religion, Medizin und Astrologie – beherrschte. Alchemistischen Legenden zufolge soll sein Testament, die *Tabula smaragdina* (Smaragdene Tafel) von Alexander dem Großen in der Cheops-Pyramide gefunden worden sein.

Hermes Trismegistos ist, wie wir heute wissen, ein Name, den griechische Kolonisatoren in Ägypten prägten. Er steht für eine Gottheit, die als Resultat des Zusammenpralls zweier selbstbewußter, einander fremder Kulturen entstand. Dic damit verbundenen religiösen Vorstellungen vereinigten Attribute des altägyptischen Gottes Thot und des griechischen Hermes miteinander.

Im Pantheon der Völker des römischen Weltreiches hatte Hermes-Thot seinen festen Platz. Seine Anhänger, die Hermetiker, kultivierten die Überzeugung, daß Hermes Trismegistos ein zum Gott gewordener Mensch gewesen sei. Dadurch erhielten seine Offenbarungen in gewisser Weise den Charakter historischer Wahrheit. ([39] S. 22 ff.)

Im Jahre 1460 brachte der Mönch Leonardo da Pistoia aus Griechenland ein Manuskript nach Italien, das Cosimo de Medici gezeigt wurde. Der Stadtherr von Florenz beauftragte Marsilio Ficino (1433–1499), den Gründer der Florentinischen Akademie, mit der Übersetzung des sensationellen Fundes ins Lateinische. Es handelte sich um siebzehn Texte in griechischer Sprache, als deren Verfasser man sogleich Hermes Trismegistos zu erkennen glaubte. Ficinos Übersetzung, der *Corpus hermeticum*, bildet die Grundlage des Hermetismus, einer der einflußreichsten Strömungen der Esoterik des Abendlandes seither.

In Wirklichkeit hatte diese Literatur mit alt-ägyptischer Geheimwissenschaft recht wenig zu tun. Schon 1614 bewies der Engländer Isaac Casaubon, daß der *Corpus hermeticum* erst nach dem Beginn der christlichen Zeitrechnung entstanden sein konnte. In ihm steckt mehr neuplatonistisches, gnostisch-christliches und jüdisches Gedankengut als ägyptisches. ([127] S. 201 ff.) Über hermetische Organisationen wie Gold- und Rosenkreuzer, Freimaurer, Martinisten und andere wurde es als vermeintliches Vermächtnis des Hermes Trismegistos neuzeitlichen Esoterikern weitergegeben.

Daß Tarot ein bildhaft-symbolisches Konzentrat des Hermetismus sei, ist eine Überzeugung, die immer wieder vorgetragen worden ist, seitdem Court de Gébelin diese Karten zum Buch Thot erklärt hatte. Nun ist es eines, Ikonographie und Namen der Karten so zu verändern, daß diese Überzeugung auch heute noch gerechtfertigt erscheint. Ein anderes ist es, die Frage zu beantworten, ob Tarot und Hermetismus, wie behauptet wird, von Anfang an zusammengehörten. Die Chronologie der Ereignisse zeigt, daß dies schlicht unmöglich ist.

Als im Jahre 1473 der *Corpus hermeticum* in der Übersetzung Ficinos veröffentlicht wurde, waren die Tarock-Karten den Italienern schon mindestens seit drei Jahrzehnten als einfache Spielkarten bestens bekannt. Wer ernsthaft nach den Ursprüngen des Tarot forscht, der sollte also nicht in die falsche Richtung schauen. Den ersten Hinweis auf die Existenz dieser Karten[9] verdanken wir – zum Leidwesen für den Mythos Tarot – nicht etwa den Verlautbarungen spiritueller Meister, sondern drögem Bürokatengeist.

Es war im Jahre 1442, da schrieb die Buchhaltung des Hofes von Ferrara ins Verzeichnis der Aufträge *(Registro dei Mandati)*: »Ein Satz Trumpfkarten« *(pare uno de carte da trionfi)*. Ins Verzeichnis der Kleider *(Registro di Guardaroba)* trug man im selben Jahr gleich »vier Sätze Trumpfkärtchen« *(quattro paia di carticelle da trionfi)* ein. Der Hof von Ferrara war einer der prachtvollsten des Landes und der Markgraf Borso d'Este Sproß eines der ältesten Adelsgeschlechter Italiens. Wie es scheint, gehörte Borso, der spätere Herzog von Ferrara, Modena und Reggio (1452–1471), zu den allerersten, die das neue Spiel mit den *trionfi* (Trümpfen) spielten.

Kartenspielen war eine Leidenschaft, der in diesen Jahren alle Welt frönte. Die Spielkarten waren eine der Über-

[9] Zum folgenden vgl. [32], [59], [60].

Abbildung 5. Kartenverbrennung. Holzschnitt von Hans Leonhard Schäufelein (1519); aus [5].

raschungen gewesen, welche die islamische Welt für Europa bereit gehalten hatte. Innerhalb weniger Jahre hatten sie sich über Süd- und Mitteleuropa verbreitet. Wann, das wissen wir genau, obwohl kein einziges der frühesten europäischen Kartenspiele erhalten geblieben ist. Denn die unvermeidlichen Begleiter des neuen Spiels waren drastische Verbote, die sich in den Chroniken italienischer, schweizerischer, deutscher, französischer und spanischer Städte zwischen 1377 und 1380 finden.

Man sollte sich halt sein Spielchen nicht lange ungestraft gönnen dürfen. Kaum war mit den kleinen Freudenbringern ein wenig Farbe in den tristen Alltag gekommen, da wurden sie schon auf den Index gesetzt. 1423 predigte der heilige Bernhardin von den Stufen der Kirche San Petronio in Bologna gegen Spiele und unschickliche Unterhaltung im allgemeinen, gegen das Kartenspielen aber im besonderen. Öffentliche Verbrennungen von Spielkarten waren an der Tagesordnung.

Die Abhandlung des Baseler Dominikanermönches Johann von Rheinfelden *Tractatus de moribus et disciplina humanae conversationis* (Von den Bräuchen und der Form des menschlichen Umgangs) erschienen 1377, informiert uns erstmals über die Beschaffenheit damaliger Spielkarten. Daraus ergibt sich folgendes Bild:

Schon damals waren die Kartenspiele in vier Spielfarben gegliedert. Die Bezeichnungen dieser Spielfarben werden bei Johann von Rheinfelden allerdings nicht genannt. Jede einzelne von ihnen umfaßte zehn Zahlenkarten und drei Figurenkarten, die man auch Hofkarten nennt. Die jeweilige Anzahl von Erkennungszeichen einer Spielfarbe auf jeder Zahlenkarte legte ihren Rang in der Reihe vom Einser (As) bis zum Zehner fest. Als Figuren zeigten die Hofkarten in jeder Spielfarbe einen König und zwei Marschälle.

Darüber, welche Spiele mit diesen Karten im 14. Jahrhundert betrieben wurden, wissen wir nicht allzu viel. Erkennbar ist jedoch, daß darin Regeln fortlebten, die nicht in Europa erfunden worden waren. Lange bevor die Spielkarten Europa erreichten, kannte man auch Kartenspiele, in denen Stiche gemacht werden. Solche Spiele sind schon aus dem Ursprungsland der Spielkarten, China, bekannt.

Für die europäischen Kartenspiele gewann die Frage, wie man Stiche machen darf und wie sie am Ende des Spiels gezählt werden, um den Sieger zu ermitteln, allergrößte Bedeutung. Frühestes bekanntes Beispiel dieser Art ist Karnöffel, ein Kartenspiel, das für 1426 in einer deutschen Quelle nachgewiesen ist ([32] S. 171). Vergleicht man die Regeln des Karnöffel mit denen späterer Kartenspiele, so fällt eines auf: Es fehlte dabei noch die Möglichkeit, durch Einsetzen eines Trumpfes die Karten der Mitspieler auszustechen.

Selten wird eine wirklich neue Spielidee geboren. Der Konservatismus der Spieler im Umgang mit dem Regelwerk populärer Spiele läßt Änderungen – wenn überhaupt – nur schrittweise zu. Da stellt die Erfindung des Tarock für das Kartenspielen schon eine Sternstunde dar. Eine ebenso einfache wie geniale Spielidee wurde geboren: der Trumpf.

Abbildung 6. Handgemalte *trionfi* der Familie Este (15. Jh.); aus [5]. V. l. n. r.: Der Gaukler, Mäßigkeit, Der Stern (oben); Der Mond, Die Sonne, Die Welt (unten).

Wer auch immer das Tarock-Spiel erfand, vermehrte den ursprünglichen Kartensatz von 52 Blatt um 26 zusätzliche Karten. Jede Spielfarbe erhielt eine weitere Hofkarte mit einer weiblichen Gestalt, Königin genannt. Zusätzlich wurde eine ganz neue Kartengruppe eingerichtet, die nicht in die Spielfarben einzuordnen war. Sie umfaßte 22 Karten, von denen jede ein unverwechselbares Bild trug und einen bestimmten Namen hatte. Bild und Name sollten sie als Trumpf, d. h. eine Karte von besonderer Wertigkeit, kenntlich machen. Die *trionfi* der frühesten Tarock-Spiele trugen weder Zahlen noch Untertitel. Reihenfolge und Namen dieser Karten hatte jeder Spieler im Gedächtnis zu behalten.

Niedrigster Trumpf war die erste Karte der 22er-Sequenz. Sie wurde *Il Bagatto* (Der Gaukler), eingedeutscht Pagad, genannt. Als höchster Trumpf galt die einundzwanzigste Karte mit der Bezeichnung *Il Mondo* (Die Welt). Die zweiundzwanzigste Karte, *Il Matto* (Der Narr) genannt, befreite ihren Inhaber von der Pflicht, die gespielte Farbe zu bedienen. Ihr deutscher Name Sküs oder Skys ist eine Verballhornung des Französischen *excuse* (Entschuldigung) bzw. des Italienischen *scusa*.

Das Spiel mit den *trionfi* zu spielen, hieß im 15. Jahrhundert, sich in soziologischer Hinsicht erheblich von anderen Kartenspielern zu unterscheiden. Noch gehörte Tarock nicht zu den *giochi die taverne*, den Wirtshausspielen. Es stellte eine Unterhaltungsform von höchster Exklusivität dar.

Schon die äußerliche Gestaltung der *trionfi* paßte vorzüglich zur gesellschaftlichen Stellung der Liebhaber dieses neuen Spiels. Es waren eben keine bedruckten Pappdeckel, mit denen die Este von Ferrara und die Visconti-Sforza von Mailand spielten. Ihre Spielkarten waren kostbare Miniaturen, handgemalt von Bildkünstlern, die um die Gunst ihrer Mäzene wetteiferten. Daß der Herzog Borso gleich mehrere Sätze dieser kleinen Kunstwerke präsentieren konnte, wenn die Damen und Herren sich zum Spiel setzten, wird seinem Ansehen als schwerreicher Mann nicht gerade abträglich gewesen sein.

Für Menschen des 15. Jahrhunderts war Tarock ein spannendes, nicht ganz einfaches Spiel. Für uns dagegen liegt der eigentümliche Reiz dieser Karten darin, daß sie als esoterisches Symbolsystem und psychologisches Ausdrucksmittel gelten. Diese Betrachtungsweise wurde jedoch erst nach 1781 möglich. Vor den denkwürdigen Eingebungen des Herrn von Gébelin wäre die Vorstellung etwas merkwürdig erschienen, daß in diesen Karten ein Geheimnis verborgen sei.

Schon die Idee, ausgerechnet Bilder zu wählen, um Spielkarten in ihrem Spielwert kenntlich zu machen, hatte rein praktische Gründe. Immerhin konnten die meisten Menschen im 15. Jahrhundert weder lesen noch schreiben. Zahlen-Indices auf Spielkarten waren überhaupt noch nicht bekannt. Ein Bild auf einer Karte dagegen konnte sich jeder merken.

Wo war denn eigentlich in diesen Bildern das Geheimnisvolle? Wo war der Bedarf für eine ausgeklügelte Entdekkungslehre ›kartologischer‹ Denker, Deuter und Dilettanten? Uns mögen diese Darstellungen noch so bizarr und mystisch anmuten. Daß dies für Menschen, die ein halbes Jahrtausend vor uns lebten, auch galt, muß allerdings doch bezweifelt werden. Denn sie kannten die Vorbilder dieser Motive ja aus ihrer eigenen Lebenswelt. Was eine Gemeinschaft von Verschworenen viel, viel später als die 22 ›großen Arcana‹ des Tarot entschlüsseln sollte, war zu Beginn nichts als Unterhaltungsgrafik, Bildzeichen des Zeitgeistes der italienischen Renaissancekultur.

Gaukler vor ihren Wundertischen, Narren in bunten Kleidern und hohe Herren in prächtigen Wagen waren ganz gewohnte Erscheinungsbilder des täglichen Lebens. Die Tugenden Kraft, Mäßigkeit und Gerechtigkeit kannte man aus den Belehrungen seiner Erzieher und – wenn man gebildet war – auch aus dem philosophischen Erbe der Antike. Auch Bilder des Jüngsten Gerichtes, der Liebe und des Glücksrades hatten nichts Fabelhaftes an sich. Man sah sie an Kirchen und öffentlichen Gebäuden ebenso wie personifizierende Darstellungen von Stern, Mond und Sonne.

Selbst Tod und Teufel stellte sich der Mensch dieser Zeit nun einmal sehr menschlich vor. Und war nicht um 1400 im Dom von Siena in der Reihe der Päpste das Bildnis einer Frau mit der Inschrift »Johannes VIII., ein Weib aus England« aufgestellt worden? ([52] S. 128)

Die Sage von der Päpstin Johanna war schon im 13. Jahrhundert Allgemeingut gewesen ([29] S. 23). Möglich, daß ihr ein historischer Kern zugrunde lag. Aber kaum als Ausdruck einer totgeschwiegenen Mysterienregligion, sondern höchstens als eine peinliche Köpenickiade in der Schaltzentrale des Katholizismus. Im 15. Jahrhundert nahm man die Sage jedenfalls für geschichtliche Wahrheit. Um 1700 konnte man dann nicht einmal mehr darüber lachen. Der Kardinal Baronius bewog endlich Papst Klemens VIII., die weibliche Gestalt durch die Figur des Papstes Zacharias zu ersetzen.

Zu jeder Zeit nahmen illustrierte Kartenspiele zeitgeschichtlich aktuelle Themen auf. Das scheint auch mit dem Motiv der Päpstin im Tarock-Spiel geschehen zu sein.

Und dann der am Fuße aufgehängte Mann, wirklich ein seltsamer Anblick für uns. Esoterische Ideenjäger fühlen sich heute berechtigt, Parallelen zur germanischen Götterlehre zu ziehen und den Ärmsten als Gott Odin zu deuten, der sich in die Zweige des Weltbaums hängte, um Runenleser und Zaubermeister zu werden. Solche Spekulationen erfüllen zwar den guten Zweck, im Zeitalter der wissenschaftlichen Enträtselung der Welt das unstillbare Bedürfnis nach Märchen und Legenden zu befriedigen. Im ausgehenden Mittelalter jedoch hatte man beim Anblick eines solchen Bildes auf einer Spielkarte eine eher beklemmende Assoziation, die allerdings nur den Realitäten der damaligen Strafgerechtsbarkeit Rechnung trug. (Vgl. Abbildung 7)

Selbst wenn man das Geheimnisvolle dem Eindeutigen vorzieht und dabei bleiben möchte, Tarot sei immer schon ein kosmisches Mysterium gewesen, wird man doch zugeben

Abbildung 7. Verkehrtes Henken eines Juden zu Weißenstein (Schwaben) zusammen mit zwei Hunden am 10. Juli 1553. Druck von 1586; aus [125].

Abbildung 8. Tarockspiel. Stich von G. M. Mittelli (1653); aus [5].

müssen: Die eingängigen Motive der 22 *trionfi* wurden hervorragend ihrem Zweck gerecht, den Tarock-Spielern eine problemlose Bestimmung der Spielfunktion jeder dieser Karten zu ermöglichen.

Die Komposition hatte sicherlich auch ihre ästhetischen Reize, bevor die kommerziellen Möglichkeiten des neuen Spiels erkannt wurden und mit Hilfe des Blockdrucks Tarock-Karten massenhaft hergestellt wurden.

Abbildung 9. Ausschnitt aus einem Druckbogens volkstümlicher Tarock-Karten vom Anfang des 16. Jahrhunderts, als sich das Spiel über die Grenzen Italiens hinaus verbreitete; aus [5]. V. l. n. r.: Die Welt, Die Sonne, Der Mond.

Der Gesamtcharakter der Bilddarstellungen[10] mochte gar, in den Worten Georg Forsters, »eine gewisse moralische Bedeutung« ([51] S. 348) vermittelt haben. Das aber wohl kaum als Ménagerie von Archetypen, sondern als geistvolles Accesoire einer hochgeschätzten Form der Unterhaltung.

Und das Kartenlegen?

Ihm eilt der Ruf höchsten Alters voraus. Wie uns ein Standardwerk zum Thema belehren will, sind »Tarotkarten im Laufe ihres Werdeganges überwiegend, wenn nicht durchgehend, für die Divination benutzt worden« ([31] S. 219). Darüber werde in alten Quellen »viel« berichtet, z. B. in einem 1550 in Venedig erschienen Buch, »das den Gebrauch der Karten beschrieb« (ebd.). Wie es heißt und was genau darin zu lesen ist, wird allerdings nicht gesagt.

Wer solche Gewißheit verbreitet, hat entweder selbst die alten Quellen nicht studiert, oder er will seine Leser bewußt aufs Glatteis führen. Wenn es ihm jedoch ernst ist mit seiner Meinung, dürfte er nichs dagegen haben, daß sie anhand authentischer Zeugnisse der esoterischen Kultur des Mittelalters überprüft wird.

Da wäre zum Beispiel das Buch *Picatrix*, das in seiner Bedeutung erst in unserem Jahrhundert wieder erkannt worden ist. Längst in die finsterste Ecke der Weltliteratur verwiesen, stand es einst bei gekrönten Häuptern, Astrologen und Magiern in höchstem Ansehen. Schon im Mittelalter war die Herkunft dieses verbotensten aller verbotenen Bücher in vielsagendes Dunkel gehüllt. Vielleicht war sein Verfasser Ahmad al-Magriti († zwischen 1005 und 1008), der führende Mathematiker des arabischen Spanien. Ins Lateinische übersetzt wurde es auf Begehren von König Alfons dem Weisen (1252–1282).

10 Eine systematische Untersuchung der Trümpfe des Tarock-Spiels vor dem Hintergrund der mittelalterlichen Ideenwelt liefert Rijnberk ([108] S. 97 ff.). Der Versuch Agrells ([1]), ihre Motive mit antiken Denkmälern in Verbindung zu bringen, besticht gewiß durch seinen Materialreichtum. Dabei wird jedoch nicht etwa vom mittelalterlichen Tarock ausgegangen, sondern vom Tarot Oswald Wirths (1889, vgl. Kap. 8), der ganz auf die Lehren des Tarot-Okkultismus im 19. Jahrhundert zugeschnitten ist.

Picatrix, vom Spötter Rabelais als ›Rektor der diabolischen Fakultät von Toledo‹ ironisiert, steht für den Überlieferungsstrom antiker und orientalischer Esoterik, der mit den Arabern nach Spanien gelangte und von dort über Italien nach Norden getragen wurde. Wie kein anderes Buch sorgte es dafür, daß im Geltungsbereich von Christentum und Islam unterhalb der Hochreligion das gemeinsame Erbe des magischen Denkens der Babylonier, Hellenen, Juden, Sabier, Ägypter, ja sogar teilweise auch der Inder lebendig blieb ([146] S. 60; [12] S. 347). Wenn dieses Werk kein Wort über Karten-Divination, geschweige denn Tarot enthält, ist damit eigentlich alles darüber gesagt, wo beider Ursprünge jedenfalls nicht zu suchen sind.

Ein profilierter Kenner des Divinationswesens im 15. Jahrhundert war Johann Hartlieb (ca. 1400–1468), der *Picatrix* als das vollkommenste Buch der Magie bezeichnet ([138] S. 24). Er schrieb für hochgestellte Persönlichkeiten Handbücher über mantische Methoden, von denen man sich Aufschluß über politische und private Fragen erhoffte. Übrigens war er der Schwiegersohn von Agnes Bernauer, deren Schicksal Johann Peter Hebbel und Carl Orff zu künstlerischer Verarbeitung anregte. Mit dieser Frau hatte sich Herzog Albrecht III. von Bayern 1432 heimlich vermählt. Auf Geheiß seines Vaters, Herzog Ernst, wurde sie als Zauberin verhaftet und 1435 bei Straubing in der Donau ertränkt.

Aber weniger deswegen, weil Hartlieb auf vielfältige Weise mit der esoterischen Kultur seiner Zeit verflochten war, ist er für das Thema Tarot ein wichtiger Mann, sondern vor allem aus einem anderen Grund. Herzog Albrecht schickte ihn nämlich 1446 in politischer Mission an den Hof der Este nach Ferrara ([118] S. 723). Es ist anzunehmen, daß er dort in der Wahrnehmung gesellschaftlicher Verpflichtungen auch die Vorliebe seiner Gastgeber für das unter ihnen gerade hochmoderne Spiel mit den *trionfi* kennenlernte.

Nehmen wir nur einmal an, es hätte in irgendeiner Form das Gebiet von Mantik und Magie berührt. Der Mann hätte doch nichts Eiligeres zu tun gehabt, als es seinem Dienstherrn nahezubringen – zumal die höfische Kultur Italiens in dieser Zeit in jeder Beziehung das Vorbild für ihr deutsches Gegenstück darstellte. Doch in keinem der Werke Hartliebs findet sich eine Spur von magischen Karten, und sei sie noch so geringfügig.

In welchem Werk auch immer man nach Mitteilungen über das Kartenlegen sucht – der Befund ist bis ins 18. Jahrhundert immer negativ. Weder findet man darüber etwas in einschlägigen Quellen mittelalterlicher Mantik und Magie ([100], [104]; vgl. auch [102]), noch in jener Literatur, die es sich zur Aufgabe machte, das Volk vor der Verführung durch Schwarzkünstler und Wahrsager zu warnen ([56], [90]). Daß Paracelsus von magischen Bildern und Figuren gesprochen habe, die mit Spielkarten etwas zu tun hätten ([50] S. 11 ff.), ist eine unhaltbare Behauptung. Wer sich davon überzeugen will, muß nur etwas tun, womit diejenigen nicht rechnen, die solche Nachrichten in die Welt setzen: selbst einmal nachlesen.

Die Anfänge des Kartenlegens liegen dort, wo ernsthafte Anhänger der archetypischen Weihebilder des Buches Thot sie zu allerletzt vermuten würden, nämlich ausschließlich im Spiel. Und die Entwicklung von simplen Orakelspielen zu psychologisch ausgefeilten Methoden des Kartenlegens war im Prinzip schon abgeschlossen, bevor man dazu überhaupt auch Tarot-Karten verwendete.

Anfang des 16. Jahunderts kam dem Mainzer Buchdrucker Johann Schöffer ein Gedanke, der zum Ausgangspunkt der Kartenlegerei werden sollte. Sein Ziel war allerdings nicht die Geburt einer esoterischen Jahrhundertidee, sondern allein die geschäftliche Wertschöpfung, anknüpfend an der Begeisterung für die Wahrsagerei.

Um Einblick in die Geheimnisse der Zukunft zu erlangen, gehörte zu den beliebtesten Methoden in Deutschland von jeher das Losorakel. Zum Losen dienten zur Zeit Schöffers allerdings nicht mehr die vom Römer Tacitus geschilderten Stäbchen, die von den Germanen aus dem Holz fruchttragender Bäume geschnitten und mit Runen geritzt wurden. Zeitgemäßes Losinsrument war im Mittelalter der Würfel.

Abbildung 10. Benutzung eines Losbuches. Gemälde von Pietro Vecchio (1605–1678). Dresden, Staatl. Kunstsammlungen, Gemäldegalerie; aus [60].

Es kursierten eine ganze Anzahl von Handbüchern, die für alle möglichen Würfe einen bestimmten Orakelspruch bereithielten. Diese sogenannten Losbücher waren ein fester Bestandteil der Wahrsageliteratur. Mit der Erfindung des Buchdrucks erlangten sie trotz des Banns der Kirche eine außerordentliche Verbreitung. Es gab wohl niemand, der nicht wenigstens einmal im Leben ein Losbuch befragt hätte, um die glückverheißende Stunde für eine wichtige Unternehmung zu ermitteln oder einen Rat in schwieriger Situation zu erhalten.

Im 15. Jahrhundert ist zu beobachten, daß die Losbücher zunehmend einen scherzhaften Ton anschlagen. In den Vorgang des Losens wurden allerlei Zwischenschritte und amüsante Komplikationen eingeflochten. Ernsthafte Losbefragung wandelte sich zur Unterhaltung, zum Orakelspiel ([60] S. 6; [119] S. 8), in dem sich die Schicksalsmächte mit einem Augenzwinkern mitteilen. Den spielerischen Charakter dieser Art von Wahrsagerei hebt ein zeitgenössisches Werk hervor, das allen ernsthaften mantischen Verfahren sehr kritisch gegenübersteht:

»Schimpff oder Schertzlos sind / die zum schertz vnd lust geschehen / darauff man ernste nichts gibt oder bawet (baut).« ([56] im Kapitel »Von der Schwartzkünstlerischen Zeichendeutung«)

Johann Schöffers Idee war es nun, die Leidenschaft der Menschen für die Orakelei mit der für das Kartenspiel zu vereinigen. *Eyn loszbuch aus der Karten gemacht* erschien in Mainz zwischen 1505 und 1510 und wurde zum Vorbild vieler Nachahmungen und Weiterentwicklungen. ([110], [111])

Dieses Büchlein war ganze acht Seiten stark. Auf der ersten Seite war ein drehbarer Zeiger befestigt. Im Kreis, den er umschrieb, waren die Karten eines regulären Kartenspiels einzeln in Sektoren eingetragen. Im Inneren des Heftchens fanden sich ebensoviele Orakelsprüche, deren jeder einer bestimmten Karte zugeordnet war. Seinen Losspruch konnte man auf zwei Wegen ermitteln: Entweder indem man ein Kartenspiel mischte, eine Karte zog und dann im Buch den zutreffenden Spruch nachschlug. Oder, noch einfacher: Man brachte den Zeiger in Schwung, und die Karte des Sektors, auf dem er stehenblieb, führte zum richtigen Spruch. Dahinter stand keinerlei esoterische Konzeption. Sinn und Zweck war einzig und allein die Unterhaltung auf der Grenze zwischen Wahrsagerei und Spiel.

Wie die meisten ›neuen‹ Spiele war das Mainzer Kartenlosbuch nicht sonderlich originell. Sein Inhalt wurde mehr oder weniger aus einem Nürnberger Losbuch von 1485 abgeschrieben, in dem dieselben Orakelsprüche Tieren in den Mund gelegt waren.Immerhin: Das Mainzer Kartenlosbuch ist der früheste bekannte Fall einer Einbeziehung von Spielkarten in eine Form von Wahrsagerei.

Das Beispiel machte Schule, und allmählich wurde das altgediente Losinstrument Würfel durch die Karten ersetzt. Zum bekanntesten dieser Karten-Orakelspiele wurde *Le Sorti di Francesco Marcolino da Forli*, meist kurz Marcolinos Kartenlosbuch genannt. Es erschien im Jahre 1540 in Venedig (2. Auflage 1550). Dies ist das Spiel, auf das sich manche Autoren gern beziehen, wenn sie die Anfänge der Tarot-Esoterik um ein paar Jahrhunderte zurückverlegen wollen (z. B. [31]). Wenn dabei keine genaueren Angaben gemacht werden, so hat das den einfachen Grund, daß es weder mit dem Kartenspiel Tarock noch mit der Tarot-Divination etwas zu tun hat.

Marcolions Kartenlosbuch wurde ein Kartenspiel zu 36 Blatt in den italienischen Spielfarben Stab, Becher, Schwert und Münze zugrundegelegt, die ja keineswegs nur im Tarock-Spiel vorkamen. Die Spielmechanik ist weitaus differenzierter als in seinem Mainzer Vorläufer. Unterschieden wird nach Fragen für Frauen und für Männer; insgesamt stehen 50 Fragen zur Auswahl. Man zieht nicht nur eine, sondern bis zu vier Karten, wird während des Spiels an verschiedene Stellen des Büchleins verwiesen und hat die Bedeutung mehrerer Karten miteinander zu kombinieren. Auch dieses Spiel entbehrt ganz und gar des unverwechselbaren Flairs der Kartomantie; es will geistreiche Unterhaltung bieten, nicht aber zu verinnerlichter Schau anregen.

Über Jahrhunderte ging es also nicht recht voran mit dem Kartenlegen als ernstlicher Bemühung, das Unvorhersehbare sichtbar zu machen. Nochmals einhundertfünfzig Jahre später sorgte der Engländer Dorman Newman endlich für einen echten Fortschritt. Er schuf ein Kartenspiel, das unter dem Namen des Lizenznehmers als *Lenthall's Fortune Telling Game* berühmt wurde. Seine Benutzer mußten nicht mehr ganz normale Spielkarten zum Wahrsagen umfunktionieren. Sie konnten mit Fug und Recht von sich behaupten, richtige Wahrsagekarten zu verwenden.

Deutlich ist Newmans Karten anzumerken, daß sie Repräsentanten eines neuen Genres sind. Ihre Gestaltung erfolgte erkennbar in der Absicht, der Karten-Orakelei einen stimmungsvollen Hintergrund zu geben. Doch Motive und Titel dieser Bilderkarten fügen sich nicht zu einem sinnvollen Ganzen. Es bleibt bei einem Sammelsurium von Anspielungen auf Okkult-Eigentümliches, mythische Figuren und Zauberer, die um 1700 die Gemüter bewegten. Wenn der Orakelspruch John Dee, Merlin oder Dr. Faustus in den Mund gelegt wird, so hat das für dieses Spiel rein dekorative Zwecke, ebenso wie die

Anzahl von ausgerechnet 13 möglichen Antworten auf jede Frage. Dem lag kein esoterisch-psychologisches System zugrunde, sondern erneut die Freude am unterhaltsamen Umgang mit den Wunderlichkeiten des Aberglaubens. Zudem weist die auf die Karten gedruckte Gebrauchsanweisung eine unverkennbare Ähnlichkeit mit Marcolinos Kartenlosbuch auf ([60] S. 86). Im Grunde ist *Lenthall's Fortune Telling Game* nichts anderes als ein auf Karten übertragenes Losbuch.

Abbildung 11. *Lenthall's Fortune Telling Game* (Ende 17. Jahrhundert); aus [60].

Rund 200 Jahre lagen zwischen dem Mainzer Kartenlosbuch und *Lenthall's Fortune Telling Game*. Niemand war bisher auf den Gedanken gekommen, die Spielkarten endlich in die ernsthafte Esoterik einzufügen. Warum denn auch? Solange Astrologie, Chiromantie und andere Wahrsagekünste in hohem Ansehen standen, wurde eine neue Methode einfach nicht benötigt. Das sollte sich jedoch ändern.

Seit dem Ende des 17. Jahrhunderts wurde eine neue Denkrichtung zur beherrschenden geistigen Macht. Ihr Grundanliegen war es, den Menschen mit Hilfe seiner Vernunft zum »Ausgang aus seiner selbstverschuldeten Unmündigkeit« (Kant) zu führen. Die Aufklärung verhieß den Sieg über die Faszination der Zwänge, die sowohl vom primitiven Aberglauben als auch von den zwar bewundernswert durchgestalteten, aber spekulativen Systemen Astrologie, Hermetismus und Kabbalistik auszugehen schien. Die Regimenter der Vernunft gewannen eine Schlacht, nicht aber den Krieg.

Abbildung 12. Die Wahrsagerin. Radierung von J. E. Schenau. Dresden, Staatl. Kunstsammlungen, Kupferstichkabinett; aus [60].

Die Astrologie wurde nicht mehr an den Universitäten gelehrt, und die jüdischen Intellektuellen wendeten sich von ihrer Kabbala ab, um mit Entschiedenheit den Weg zur europäischen Kultur einzuschlagen. Die Obrigkeit mochte gar das Volk mit polizeilichen Maßnahmen vor den Machenschaften Ewiggestriger zu schützen versuchen. Doch verhindert wurde die Rückkehr der Zauberer dadurch nicht. Wenn der Niedergang der überlieferten Wahrsagekünste auch unübersehbar war, so hatten jetzt die Hausmacher-Methoden Konjunktur. Endlich schlug die Stunde von Kaffeesatz und Karten.

Das Entscheidende bei dem Schritt vom Orakelspiel zur Kartomantie war nicht etwa, daß die Methoden komplizierter wurden. Sicherlich erschienen im 18. Jahrhundert differenzierte Anwendungsformen des Kartenlegens. Aber bereits *Lenthall's Fortune Telling Game* verlangte seinen Benutzern mehr an geistiger Präsenz ab als heute so manche Erscheinungsform des praktischen Tarot. Auch ob eine Kartenlegerin namens Ambruget bereits Ludwig XIV. den Sieg bei Denain (1712) voraussagte oder nicht, ist letztlich nicht so wichtig. Das Entscheidende ist, daß man jetzt die Karten mit unverkennbarem Ernst zu betrachten begann.

Ausgesprochen lebensnah tritt dieser Entwicklungssprung von Spiel zu Ernst in den Memoiren Casanovas hervor. In Rußland hatte der Chevalier de Seingalt, wie sich der große Abenteurer gern nannte, 1765 eine Geliebte, Zaira, die oft die Karten befragte. Als er wieder einmal erst frühmorgens zu ihr zurückkehrte, griff sie zu einem ungewöhnlichen Mittel: »Um mich meines Verbrechens zu überführen, zeigt sie mir fünf Reihen zu je fünf Karten und liest mir daraus alle Ausschweifungen vor, die mich die Nacht über von Hause ferngehalten hätten.« (Zit. nach [60] S. 11])

Offenbar lag es in der Luft, daß ein und dieselbe Idee nun an ganz unterschiedlichen Orten zum Durchbruch gelangen sollte. Um 1770 entstand ein Ölgemälde J. E. Schenaus, das eine temperamentvoll weissagende, nicht unbedingt vertrauenerweckende alte Frau mit einer vornehmen Kundin zeigt. Als Arbeitsmittel dient der Wahrsagerin ein reguläres Kartenspiel in französischen Spielfarben.

In Frankfurt beschlagnahmte die Polizei im Jahre 1773 bei einer Frau Blechschmiedin ein Kartenspiel, das heute noch im Historischen Museum der Stadt zu sehen ist. Die Dame war anscheinend gewerblich in Sachen parapsychologischer Durchschauung unbekannten Geschehens tätig. Sie hatte die

Karten als Hilfsmittel benutzt, um im Auftrag eines Klienten einen Dieb zu entdecken. ([60] S. 11)

Trotz steigender Beliebtheit des Kartenlegens konnte sich dafür in Deutschland das ganze 18. Jahrhundert über noch keine allgemein verbindliche Methode durchsetzen. Das *Buch vom Aberglauben*, erschienen 1791, gibt uns Einblick in eine Vielfalt von Zauberpraktiken und Wahrsagemethoden, die in diesen Jahren geübt wurden. Vom ›Kartenschlagen‹ heißt es dort: »Jedes Blatt in der Karte, jede Farbe hat ihre eigene Bedeutung. Es ist aber ganz willkührlich, wie man sie deutet, und jeder kann sich selbst die Regeln entwerfen, wonach er aus der Karte wahrsagen will.« ([18] S. 290)

Anders verhielt es sich in Frankreich. Allein die Lebensart und Geisteshaltung der Franzosen hatte es möglich gemacht, aus Objekten der Spiellust Zauber und Weisheit des goldenen Zeitalters der Menschheit wiederauferstehen zu lassen. Und auch der findige Kopf, der aus der Passion endgültig die Wissenschaft machte, ein Genius der sonderbaren Art, ging aus dem Kreise der illuminierten Wahrheitssucher in der französischen Hauptstadt hervor.

Der ungeliebte Baumeister des magischen Kartenhauses

Der Mann hieß Alliette, Vorname unbekannt. Sich mit ihm zu beschäftigen heißt, den wunden Punkt im Selbstverständnis der Tarot-Esoterik zu berühren. Wo mit den magischen Karten das Unvorhersehbare sichtbar gemacht werden, vielleicht gar gutes Geld verdient werden soll, da rühmt man seine Professionalität. Die Rede geht, es habe ihm »ein kurzer Blick auf die Kartenserie genügt, die für seinen Klienten ausgelegt worden war, um dessen Vergangenheit, Gegenwart und Zukunft zu sehen.« ([113] S. 21).Wo Tarot allerdings als spirituelle Disziplin ernstgenommen werden will, da wird sein geistiges Erbe eher als eine Peinlichkeit empfunden: »Alliette, ein alter Barbier, der weder je das Französische noch seine Orthographie erlernte, behauptete, das Buch Thot wiederherzustellen... Seine Arbeiten haben (jedoch) das alte, von Court de Gébelin wieder entdeckte Buch in den Bereich der gewöhnlichen Magie und der Kartenlegerei zurückfallen lassen.« ([80] Bd. 2, S. 259)

Allietes Einfluß auf die Tarot-Esoterik war gewaltig. Doch wenn man der herrschenden Meinung Glauben schenken will, scheint er wie kein anderer sonst dafür verantwortlich zu sein, daß das Kartenlegen in den Geruch der Scharlatanerie geriet. Gerade heute wird viel ehrliche Mühe darauf verwendet, es dagegen als eine ernsthafte Möglichkeit zur Selbstfindung zu nutzen. Aus diesem Bestreben heraus wird der abergläubische Étteilla nur zu oft als Nestbeschmutzer hehrer Tarot-Spiritualität hingestellt. Doch geschieht das zu Recht? Oder ist es eine ungerechte Herabwürdigung seines Lebenswerkes, womöglich ein Versuch, über die okkultistischen Fundamente des magischen Kartenhauses Tarot ein wenig Gras wachsen zu lassen?

Um die Mitte des 18. Jahrhunderts, wahrscheinlich im Jahre 1753 ([91] S. 9), entschied sich Alliette, dem kargen Dasein eines Lehrers für Rechnen und Geometrie Adieu zu sagen. Ob nun aus Neigung oder wohl wissend, was gefragt war, nahm er eine in jeder Hinsicht zukunftsweisende Tätigkeit auf. Er wurde, wenn nicht überhaupt der erste, so doch mit Sicherheit einer der ersten professionellen Kartenleger der Welt.

Natürlich nahm er, wie das so üblich war, sogleich einen Künstlernamen an: Étteilla. Die Umkehrung seines Familiennamens läßt nicht nur seine Vorliebe für Wortspiele erkennen. Sie deutet auch den Willen zur Metamorphose der eigenen Identität an. Alliettes Leben dürfte nicht gerade spektakulär gewesen sein. Étteilla hüllte sich darüber in profundes Schweigen oder fabulierte hemmungslos. Scin ganzes Bestreben war darauf gerichtet, zu einer lebenden Institution der höheren Wissenschaft zu werden.

Kennzeichnend für die Art und Weise der Ausgrenzung Alliette-Étteillas aus der Riege der großen Wegbereiter der Tarot-Esoterik ist eine Unterstellung, die immer noch als unbezweifelbare Wahrheit hingenommen wird. Stets wird Étteilla als Perückenmacher, Barbier oder Frisör bezeichnet und der Eindruck erweckt, er habe die Kartomantie im Nebenberuf betrieben. Es ist jedoch so gut wie sicher, daß er niemals einen handwerklichen Beruf ausübte.

Erst um die Mitte des 19. Jahrhunderts, als er schon lange tot war, begann man sich überhaupt für sein Leben zu interessieren. Mangels glaubwürdiger Informationen wurden die Anhaltspunkte darüber aus seiner persönlichen Korrespondenz gewonnen. Daraus konnte man ersehen, daß er 1790, in seinem vorletzten Lebensjahr, in der Rue du Chantre im dritten Stock des Hauses eines Perückenmachers gelebt hatte. Danach zog er noch einmal in die Rue de Beauvais, Place du Louvre, um. Nun wohnte er im Parterre des Hauses eines Pflasterers ([91] S.45). Natürlich wurde niemals behauptet, Étteilla sei ein Pflasterer gewesen. Doch aus bestimmten Gründen schien es nicht abwegig, ihn für einen Perückenmacher zu halten.

Der das als erster tat, hieß Boiteau d'Ambly und veröffentlichte 1854 ein Werk über die Geschichte der Spielkarten, des Kartenspielens und der Kartomantie ([15]). Darin war die Bezeichnung Perückenmacher noch als Kompliment für Étteilla gedacht! Zu seiner Zeit hatte die Zunft der *perruqiers* in Frankreich nämlich in hohem Ansehen gestanden. Schuf sie doch für alle, die etwas auf sich hielten, eines der wichtigsten Statussymbole.

Von einem Perückenmacher wurde oft noch mehr erwartet, als nur daß er sein Handwerk beherschte. Er hatte während der langwierigen Anproben angenehme Umgangsformen zu zeigen und darüberhinaus geistreicher Gesprächspartner zu sein. Mancher *perruquier* soll sogar die Rolle des informellen Vertrauten für seine prominenten Kunden gespielt haben. Zu einer nationalen Berühmtheit gar wurde Jacques Jasmin (1798–1862) ein Perückenmacher aus der Provinz, der 1835 nach Paris ging, um dort sein Glück zu machen. Durch sein dichterisches Talent erlangte er selbst die Gunst des Königs und die Anerkennung der Literaturkritik ([72] Bd. 9, S. 913 sowie Bd. 12, S. 659). Vor diesem zeitgeschichtlichen Hintergrund ist die Mär vom Perückenmacher Étteilla entstanden. Wenn es graue Eminenzen und Dichter unter den *perruquiers* gab, warum sollte diese Zunft nicht auch einen berühmten Wahrsager hervorgebracht haben?

Was im Falle Étteillas ursprünglich als Anerkennung gemeint war, schlug jedoch mit einemmal in Gehässigkeit um. 1856 schüttete Éliphas Lévi in seinem Buch *Dogme et rituel de la haute magie* ([78]), einem der meistgelesenen Werke der neuzeitlichen Esoterik, Hohn und Spott über den ungeliebten Kollegen aus. Wenn Étteilla als der Hohepriester der Kartomantie galt (vgl. [15] S. 322 und [65] S. 54), so war Éliphas Lévi wohl der Papst des spirituell veredelten Tarot. Durch die abqualifizierenden Bemerkungen Lévis wurde der ›Perückenmacher‹ Étteilla zum Inbegriff einer oberflächlichen Beschäftigung mit dem Mysterium Tarot im Dienste ausgesprochen weltlicher, eigensüchtiger Ziele.

Étteilla vom unbedingten Willen zum Erfolg freizusprechen, wäre allerdings fehl am Platz. Doch Klappern gehört nicht nur zu seinem – zugegebenermaßen etwas halbseidenen –

Geschäft. Ist ihm etwa ein Vorwurf daraus zu machen, daß seine Werbemethoden der Zeit weit voraus waren? Étteilla mag die Leute mit psychologischer Raffinesse düpiert und im blinden Vertrauen auf die Macht des Schicksals bestärkt haben. Auch er glaubte aber mit Inbrunst an die unvergängliche Botschaft des heiligen Bilderbuchs Tarot. Er setzte sich sogar dagegen zur Wehr, daß sein Verleger sein Hauptwerk mit der reißerischen Bemerkung ankündigte, mit seinem Erscheinen seien alle Probleme der Deutung des Tarot gelöst:

»Leser, glaube das nicht«, warnte Étteilla, »das Buch (Thot), welches das Universum in sich begreift, als vertrauter Lesestoff – das ist eine Frucht, die erleuchtete Menschen jahrhundertelang reifen lassen (müssen).« ([36] S. 108)

200 Jahre Deutung des Buches Thot haben seither wahrlich reiche spirituelle Frucht getragen. An stillen, ernsten Suchern besteht wohl kaum mehr ein Mangel in der Welt des Tarot. Doch ist ihnen auch bewußt, daß sie den Ursprung ihres Heiligtums in Potemkinschen Dörfern der Geistesgeschichte wähnen? Um Étteilla Gerechtigkeit widerfahren zu lassen, muß man nicht unbedingt ins Buch Thot, wohl aber in den Mythos Tarot Einblick genommen haben. Am Anfang war eben nicht das Buch der Weisheit, sondern das Kuriosum eines Spiels, aus dem man plötzlich erhabene Wahrheiten herauslesen wollte.

Niemand anders als Étteilla ist es doch gewesen, der sich energisch darum mühte, aus verspielter Orakelei die Kunst der Kartomantie zu bilden. Wenn er nicht immer und überall damit zu überzeugen wußte, so wird das schwerlich an ihm allein gelegen haben. Ohne entsprechende Motivation kann die Plausibilität esoterischer Sinngehalte ohnehin nicht gewürdigt werden. Das gilt allemal für die Wahrsagerei. Es gilt aber auch für hochgestochene Abhandlungen über Selbstfindung durch Tarot, deren Autoren ihren Lesern stets noch raten, sich den Karten weniger über intellektuelles Lernen als durch meditatives Aufnehmen ihrer Bilder in Unterbewußtsein zu nähern.

Ob der Glaube an die Wahrsagerei sich tatsächlich immer entlang der eigenen seelischen Konfliktlinien verfestigen muß, steht hier nicht zur Debatte. Ist er nicht vorhanden oder schwindet er aufgrund gewisser Enttäuschungserlebnisse, wie zum Beispiel bei Philipp Melanchthon, so wird man mit diesem großen Reformator, der auch ein sehr abergläubischer Mensch war, ohnehin einer Meinung über alle Auguren sein: »Es ist ein dreck mit irer Kunst.« (zit. nach [146] S. 17) Wohl kaum wird man dann auch im Tarock-Spiel das Buch Thot erkennen können, dessen Tiefe einen Étteilla enthusiastisch ausrufen ließ: »Jedes seiner Blätter gibt einer Fülle von Reflexionen Nahrung, welche die Seele entflammen lassen und zu Füßen des Throns der Wahrheit tragen.« ([36] S. 32)

Nach dem Zeugnis der von Étteilla gegründeten Gesellschaft der Freunde des Buches Thot *(société littéraire des associés libres des interprétes du livre de Thot)* rekonstruierte der Meister die altägyptische Kunst der Karten-Divination, weil ihn das Können einer alten Kartenlegerin unbefriedigt ließ, von der er die gewöhnliche Kartomantie erlernt hatte ([91] S. 9). Nun war es ein schlecht gehütetes Geheimnis, daß Étteilla längst sein unverwechselbares System entwickelt hatte und über eine beträchtliche Anhängerschaft verfügte, bevor ihm die bare Existenz der Tarock-Karten überhaupt bekannt wurde.

Bereits 1770 veröffentlichte er eine Methodenlehre des Kartenlegens unter dem Titel *Étteilla ou la seule manière de tirer les cartes* (Étteilla oder die einzigartige Methode zum Kartenlegen, vgl. dazu [32] S. 106 f.). Bevor Court de Gébelin und sein großer Unbekannter die Tarot-Karten zum Buche Thot erklärten, war dieses Handbuch bereits mehrfach aufgelegt worden. Mit altägyptischer Divinationskunst der illuminierten Art wollte sein Verfasser ursprünglich gar nichts zu tun haben. Dennoch wurde das Werk zum Markstein für die Praxis des Tarot.

Étteilla entwickelte seine unverwechselbare Methode des Kartenlegens aus dem Piquet, einem Kartenspiel in den französischen Farben Kreuz *(trèfles)*, Pik *(piques)*, Herz *(coeurs)* und Karo *(carreaux)* zu 32 Blatt mit den üblichen drei Hofkarten König *(roi)*, Dame *(dame)* und Bube *(valet)*. Er ließ für seine Zwecke spezielle Karten herstellen, die er zusammen mit einer Anleitung zum Kartenlegen verkaufte. Auf jeder Karte war die divinatorische Bedeutung stichwortartig aufgedruckt. Eine dreiunddreißigste, unbedruckte Karte diente dazu, beim Auslegen den Fragenden zu repräsentieren. Sie wurde ›der Étteilla‹ genannt und gab dem ganzen Verfahren den Namen. Alliette wäre eben nicht Étteilla gewesen, wenn er nicht immer wieder eine List ersonnen hätte, sich selbst mit in Szene zu setzen.

Keines dieser Piquet-Wahrsagespiele ist erhalten geblieben. Wir wissen von ihnen nur durch das dazugehörige Buch und eine aufwendige Anzeige, die ihr Schöpfer 1770 in der Zeitschrift *l'Avant-Coureur* aufgab.[11]

Die Methode Étteillas markiert für die Kartomantie den Durchbruch von simpler Orakelei zum prinzipiengeleiteten Verfahren. Hier wird erstmals eine Arbeitsweise deutlich, die ohne ein Mindestmaß an Spezialwissen und Einfühlungsvermögen nicht gehandhabt werden kann. Es hat nicht mehr sein Bewenden dabei, aus einem Kartenspiel eine oder mehrere Karten zu ziehen und ihre Bedeutung in einer Gebrauchsanleitung abzulesen.

Étteilla legte eine größere Anzahl von Karten aus und betrachtete das Ensemble als eine Konstellation, als ein Zusammentreffen von Umständen, aus dem sich die Bedeutung jeder Einzelheit und der Charakter der Gesamtsituation ergibt. Damit war der methodische Grundstein gelegt, um mit Hilfe der Kartendeutung auch Hintergründiges und Subtiles zu erschließen. Ein Könner des Fachs ist seither nicht etwa schon, wer die nominellen Bedeutungen aller Karten auswendig gelernt hat. Seit Étteilla ist beim Kartenlegen mehr gefragt, nämlich die Fähigkeit, wie an einem Mischpult durch Verbindung und Trennung, durch Hervorhebung und Unterordnung der Aspekte Sinn und Verstand in eine Konstellation von Abbildern des Lebens zu bringen.

Große Pfiffigkeit bewies Étteilla darin, ein banales Merkmal einfacher Spielkarten zum bedeutungsschwangeren

11 Den Text dieser Anzeige findet man in [5] Bd. 1, S. 476.

Anzeichen von Glück oder Unglück zu machen. Die damals üblichen Spielkarten unterschieden sich unter anderem darin von den heutigen, daß die Zeichen ihrer Spielfarben in aller Regel nur in einer Richtung angeordnet waren. Erst ab Ende des 18. Jahrhunderts begannen die Kartenmacher in großem Stil mit der Herstellung ›doppelköpfiger‹ Kartenspiele ([32] S. 27). Kurz bevor sich diese kleine, aber bedeutsame Änderung vollzog, leitete Étteilla aus der Beschaffenheit herkömmlicher, ›einköpfiger‹ Karten eine Regel von Bedeutung für die Divination ab. Er erklärte einfach, es sei dabei von Wichtigkeit, ob eine Karte aufrecht oder verkehrt herum liegt. Auf jeder seiner Wahrsagekarten waren deshalb zwei verschiedene Bedeutungen stichwortartig aufgedruckt. ([32] S. 107)

Diese Regel verdient deshalb besonderes Interesse, weil sie den janusgesichtigen Charakter des Kartenlegens überaus treffend verdeutlicht. Einerseits wird durch sie für zusätzliche Mystifikation gesorgt. Die Schicksalsmächte erzwingen nicht nur, daß ganz bestimmte Karten zu deuten sind. Sie teilen sich darüberhinaus durch aufrechte oder umgekehrte Lage jeder Karte mit. Dementsprechend befinden sich die von ihr bezeichneten Kräfte oder Tendenzen im Hinblick auf das zur Diskussion gestellte Problem gleichsam im Lot oder nicht. Andererseits eröffnen sich dadurch auch rationale Möglichkeiten der Beurteilung. Die Aussage jeder Karte kann auf einer Bedeutungsskala angeordnet werden, die von schwach bis intensiv oder positiv nach negativ verläuft.

Man kann also sagen: Diese Karte liegt verkehrt herum. Deshalb teilt sie uns das Gegenteil von dem mit, was sie eigentlich bedeutet. Man kann aber auch sagen: Sie liegt zwar verkehrt herum, aber offensichtlich ist sie in eine günstige Konstellation eingebettet. Deshalb ist ihre Bedeutung nicht einfach umkehrbar, sondern lediglich abgeschwächt oder nur zum Teil verändert.

Die gesamte Spannweite aller Bedeutungsnuancen einer Karte wird in der modernen Kartenlegerei ihr ›Bedeutungshof‹ genannt. Man sieht, mit welch einfachen, aber wirksamen Kniffen Étteilla das Kartenlegen zu einer flexiblen Methode gemacht hat, um psychologische Einfühlung nicht durch blinden Schicksalsglauben zu ersticken.

Als Étteilla sein zweites Buch veröffentlichte, konnte er, wie er selbst zugab, immer noch nicht richtig lesen und schreiben.[12] Immerhin hatte er eifrige Schüler, die ihm diese Art von Wissenschaft abnahmen. Er muß einen immensen Ehrgeiz entwickelt haben, die für einen Magier von Format verhängnisvollen Bildungslücken zu schließen. Wenn er in seinen Schriften Axiome von Ramón Lull, Agrippa und Pythagoras anführt sowie Kenntnisse zumindest von Teilen des *Corpus hermeticum* demonstriert, dann bedeutet das allerdings nicht, daß er auch noch Latein und Griechisch gelernt hätte. Étteilla war eben in das komplexe Geschehen innerhalb der gnostisch-theosophischen und alchemistisch-rosenkreuzerischen Gruppen seiner Zeit einbezogen, das für uns nur noch teilweise rekonstruierbar ist. Ganz in der Manier der illuminierten Wahrheitssucher galt sein ganzes Streben dem Ziel, sein System als ernsthafte Wissenschaft zu beweisen.

Étteilla gehörte zu denen, die auf den Spuren der Pythagoreer die Arithmosophie pflegten. Nach dieser Lehre sind die Zahlen Wesen und Kern der realen Dinge. Das Universum ist nach einem mathematischen Plan gebaut, dessen Ausgewogenheit die kosmische Harmonie begründet. Diesen Plan zu erkennen bedeutet auch, in die Geheimnisse der Seele einzudringen. Denn der Makrokosmos der Welt und der Mikrokosmos des Menschen sind voller verborgener Entsprechungen.

Das ordnende Wesen der Zahl übt nach Ansicht des Arithmosophen auch auf das menschliche Leben eine viel bestimmendere Macht aus, als es unserem Denken erscheinen will. Weder Schicksal noch Zufall sind die bestimmenden Mächte. Der Gang der Ereignisse folgt Gesetzmäßigkeiten, die mit Hilfe mathematischer und zahlenmystischer Modelle erfaßbar sind. Damit besteht auch die Möglichkeit, zukünftige Begebenheiten rechnerisch zu ermitteln. Da der Arithmosoph durch den ›wissenschaftlichen‹ Charakter seiner Methode

[12] Das Werk hieß *Le Zodiaque mystérieux*, erschien 1771 in Paris, und behandelte astrologische Themen. (Vgl. [91] S. 11 und [32] S. 107.

auch ohne besondere mediale Begabung Voraussagen über die Zukunft treffen kann, fühlte sich Étteilla auch nicht als Wahrsager der üblichen Art:

»Nichts ist durch das Schicksal vorherbestimmt,« meinte er, »aber alles ist miteinander verbunden. Es genügt, mehr oder weniger genau die verbindenden Momente der Kette (aller Ereignisse) zu kennen, um ein gewöhnlicher Wahrsager zu sein.«[13]

Von den Machenschaften geldschneiderischer Scharlatane suchte Éteilla sich bei jeder Gelegenheit abzugrenzen. Seine Mission war nicht die Spökenkiekerei, sondern die Eröffnung der Horizonte pythagoreischer Weltdeutung. Als typischer Wegbereiter einer Esoterik der Moderne begnügte er sich nicht mit der Bewahrung der Überlieferung in hermetischen Geheimzirkeln. Er betrachtete es als seine vornehmste Aufgabe, die »geschätzten Zeitgenossen über die höheren Wissenschaften aufzuklären.«[14]

Anders als die Nutznießer seines fachlichen Erbes glauben machen möchten, wurde sein geistiger Anspruch zu seinen Lebzeiten in einschlägigen Kreisen ernst genommen. Sonst wäre er kaum zu einer Veranstaltung eingeladen worden, die 1785 in Paris abgehalten wurde. Als »Eteila, Professor der Algebra und der weißen Magie« erscheint sein Name auf einem Einladungsschreiben, das die bereits erwähnte Freimaurer-Loge der Philaleten im August 1784 an 128 namhafte Ordensbrüder in ganz Europa versandte. Auf einem internationalen Kongreß sollte der Standpunkt der Freimaurerei gegenüber den geheimwissenschaftlichen Erlösungslehren geklärt werden. Daß auch Étteillas Meinung gefragt war, zeugt von dem Ruf, in dem er stand.[15]

13 Übersetzt nach dem Zitat in [91] S. 21 aus Étteillas Schrift *Fragment sur les hautes-sciences* (Fragment über die höheren Wissenschaften), erstmals erschienen 1783 in Paris.

14 Übersetzt nach dem Zitat in [91] S. 18 aus Étteillas Schrift *Les sept nuances de l'oeuvre philosophique-hermétique* (Die sieben Schattierungen des philosophisch-hermetischen Werkes), Paris o.J.

15 Über den Verlauf des Kongresses vgl. [42]. Einen sehr lebendigen, jedoch kaum zuverlässigen Bericht gibt Paul Christian ([21] S. 142 ff.) →

Kein Zweifel: Der vermeintliche Perückenmacher Étteilla galt unter den Esoterikern seiner Zeit als eine Kapazität, und das gleich auf mehreren Gebieten. Seine Schriften zu astrologischen, kabbalistischen, alchemistischen und chiromantischen Themen wurden gern gelesen. Bei ihm konnte man Unterricht in praktischer Magie nehmen, sich sein Horoskop stellen, einen individuellen Glücksbringer anfertigen und Träume deuten lassen. Sein Spezialgebiet aber war die Kartendeutung. Éteilla, eine Pariser Berühmtheit, war der große Meister dieser neuartigen Disziplin, die Unwägbarkeiten der Zukunft zu wägen. Über mangelnden Zulauf konnte er sich wahrhaftig nicht beklagen.

Doch die eigentliche Krönung seines Lebenswerkes blieb Étteilla versagt. Es mutet wie Ironie des Schicksals an, daß dafür nicht etwa beschränkte Kenntnisse in der Esoterik, sondern im Kartenspielen verantwortlich waren. Étteilla war ein Pariser Kind. Trotz aller Beteuerungen, er habe sich sein Können bei den berühmtesten Wahrsagern Europas angeeignet, tat er zeitlebens kaum einen Schritt über die Grenzen seiner Vaterstadt hinaus. Da konnte ihm wohl auch nicht aufgehen, daß es in Deutschland, in der Schweiz, in Italien und Spanien, ja selbst in der Provinz seines eigenen Heimatlandes ein Kartenspiel gab, das mit seinen altertümlich-wunderlichen Bildern wie geschaffen zur Veredelung seiner Kunst war.

So kam es, wie es kommen mußte. Étteilla, für publikumswirksame Effekte sonst immer instinktsicher, wurde unverhofft die Schau gestohlen. Court de Gébelin zog mit dem Gestus des unabhängigen Experten im Jahre 1781 plötzlich die einzig wahren Wahrsagekarten aus dem Ärmel! Obwohl doch Étteilla der eigentliche Baumeister des magischen Kartenhauses war, erntete nun ein anderer den Ruhm dafür. Denn für die Faszination am Kartenlegen steht seither ein Name: Tarot.

Niemand sollte aber behaupten, der Altmeister sei nicht lernfähig gewesen. 1782, ein Jahr nach Court de Gébelins Ge-

→ [15] Z. B. ist die Mitwirkung Court de Gébelins, der danach dort eine große Rolle gespielt haben soll, völlig aus der Luft gegriffen, da dieser bereits ein Jahr tot war, als der Kongreß stattfand.

niestreich, erschien eine weitere Auflage von Étteillas Buch über die Kartomantie. Die Änderung des Titels in *La Cartonomancie française* (Die französische Kartomantie), deutet bereits an, daß ihm die Existenz einer Variante des Kartenlegens bekannt war, die für sich eine exotische Herkunft in Anspruch nahm.

Schon ein Jahr später rückte Étteilla seinerseits mit einer Überraschung heraus. Er trat mit einem eigenen Werk über die Tarot-Divination hervor, das zwischen 1783 und 1785 in fünf Bänden erschien. Darin behauptete er, schon lange vor Court de Gébelin die besondere Bedeutung der Tarot-Karten erkannt zu haben. Aus Pietät und um sich ganz auf die Lektüre des Buches Thot konzentrieren zu können, hätte er jedoch darauf verzichtet, seine Entdeckung preiszugeben.

Ganz offensichtlich hatte Étteilla die Zeichen der Zeit richtig gedeutet: Der Siegeszug des Tarot in der Kartomantie war nicht mehr aufzuhalten. In Zukunft verwendete er viel Mühe darauf, seine Leser in die Mysterien des Buches Thot einzuweihen.

Abbildung 13. Grafische Darstellung der mythischen Herkunft des ›Buches Thot‹, geboren aus der unerschöpflichen Phantasie des Étteilla. Arithmosophische, kosmologische und buchstabenmystische Vorstellungen werden zu einer für die illuminierten Wahrheitssucher typischen Mischung vereinigt.

Dem findigen Étteilla bereitete es keine Probleme, die 22 Trumpfkarten des Tarock-Spiels in seine bewährte Deutungsmethode einzufügen, und er genierte sich nicht, dabei auch Gedanken Court de Gébelins aufzugreifen.

Aber sein Leidensweg war noch nicht zu Ende. Die Zensur meinte, an ihm ein Exempel statuieren zu müssen. Interveniert wurde allerdings nicht wegen des Inhalts seiner Schrift. Sie hatte ursprünglich *La Cartonomancie égyptienne ou les Tarots* (Die ägyptische Kartomantie oder die Tarot-Karten) heißen sollen. Dieser Titel wurde nicht genehmigt. Auf Anordnung der Zensurbehörde erschien das Werk unter der Bezeichnung *Manière de se récréer avec le jeu de cartes nommées Tarots* (Von der Art und Weise, sich mit dem Kartenspiel Tarot zu unterhalten).

Sein Beitrag zur höheren Wissenschaft dem Genre der Unterhaltungsliteratur zugeordnet – das war ein Schlag, den Étteilla nicht verwinden konnte. Verbittert wies er darauf hin, daß der Inhalt eines Buches derselbe bleibe, auch wenn man den Titel ändere. »Entweder ein Werk ist gefährlich oder nicht.« ([36] S. 97)

Gefährlich war das seine gewiß nicht, es war weder politisch brisant, noch sittlich verwerflich oder religiös anstößig. Es wird jedoch sicherlich einem der Königlichen Zensoren ein Dorn im Auge gewesen sein, nämlich Antoine Court de Gébelin der allein die Weisheit Ägyptens in den Tarot-Karten wiedergefunden haben wollte. Ohne ihm zu nahe zu treten, läßt sich denken, daß er gegenüber Étteillas Buch in der Ausübung seines Zensoren-Amtes Befangenheit gezeigt haben dürfte. Schließlich ist auch ein Wissenschaftler nicht frei von Konkurrenzdenken.

Es ist durchaus davon auszugehen, daß Court de Gébelin auf das Genehmigungsverfahren gerade bei dieser Publikation Einfluß ausüben konnte. Denn nach den gültigen Dienstvorschriften der Zensurbehörde hatte die Auswahl des geeigneten Zensors für die Beurteilung einer zur Veröffentlichung vorgelegten Schrift nach dem Prinzip der Fachkompetenz zu erfolgen ([58] S. 42). Und wem würde man sie beim Thema Tarot zugebilligt haben, wenn nicht Antoine Court de Gébelin, der als erster vom Buche Thot gesprochen hatte?

Zu streichen war am Werk Étteillas nichts. Sein Autor gab sich weder durch subversive Erklärungen noch durch anzügliche Bemerkungen eine Blöße. Dem Buch konnte aber ohne weiteres ein Titel vorgeschrieben werden, der mangelnde Seriosität des Inhalts suggerierte. Dieser Zensurakt war der Anfang der Stigmatisierung Étteillas als spirituellem Hochstapler. Ihn als Geschäftemacher und Plagiatoren der heiligen Traditionen hinzustellen, der das Buch Thot immer nur verfälscht und verwässert habe, wurde zur Pflichtübung für Generationen von Tarot-Okkultisten. Das änderte übrigens nichts daran, daß sie, entweder klammheimlich oder ganz offen, von ihm System und Methode des Kartenlegens übernahmen.

Alle berühmten Exegeten des Tarot haben es als ihre Aufgabe betrachtet, den Symbolismus der Karten als ein Werk der ältesten esoterischen Tradition wiederherzustellen. Ein echtes Anliegen ist ihnen die korrekte Titulierung und Anordnung der 22 Hauptkarten. Davon hängen bedeutsame Wechselbeziehungen zwischen dem Tarot und den hebräischen Zauberbuchstaben, den heiligen Zahlen, astrologischen Zeichen und spirituellen Entwicklungsstufen ab.

Étteilla war der erste, der deshalb ein Tarot-Kartenblatt nach seinen eigenen Vorstellungen anfertigen ließ. Er ging dabei ganz nach eigenem Gutdünken vor und zog radikale Konsequenzen aus Court de Géberlins Behauptung, die Kartenmacher hätten den ursprünglichen Tarot entstellt. Er ließ die Titel des Tarot de Marseille – bis auf ›Stärke‹, ›Gerechtigkeit‹ und ›Mäßigkeit‹ – ganz und gar in der Versenkung verschwinden.

Stattdessen liest man auf jeder Karte zwei divinatorische Bedeutungen. Zudem nahm er die Vorstellung sehr ernst, daß Tarot eigentlich gar kein Kartenspiel sei. Deshalb numerierte er nicht nur, wie allgemein üblich, die 22 Hauptkarten, sondern das gesamte Kartenblatt wie die Seiten eines Buches von 1 bis 78 durch. Wenn er von einer bestimmten Karte sprach, dann nicht, indem er ihren Namen, sondern ihre ›Seitenzahl‹ im Buch Thot nannte. Auch stellte er die Reihenfolge der Trümpfe komplett um.

1	Der Gaukler	15	12	Der Gehenkte	12
2	Die Päpstin	8	13	Der Tod	17
3	Die Kaiserin	6	14	Die Mäßigkeit	10
4	Der Kaiser	7	15	Der Teufel	14
5	Der Papst	1	16	Das Haus Gottes	19
6	Die Liebenden	13	17	Der Stern	4
7	Der Wagen	21	18	Der Mond	3
8	Die Gerechtigkeit	9	19	Die Sonne	2
9	Der Einsiedler	18	20	Das Gericht	16
10	Das Glücksrad	20	21	Die Welt	5
11	Die Kraft	11	(-)	Der Narr	22 (78)

Vordere Zahl: Numerierung der Trümpfe im Tarot de Marseille; nachstehende Zahl: Seitenzahl im Buch Thot nach Étteilla.

Mit dieser Ordnung verband er arithmosophische und astrologische Überlegungen sowie Vorstellungen über die Erschaffung der Welt, wie sie im *Corpus hermeticum* überliefert sind. Sein Erfindungsreichtum in Zahlenspielen mit theosophischem Hintergrund macht es nicht gerade leicht, sich damit zurechtzufinden. Des öfteren variieren die Zuodnungen von Karten zu Sternzeichen, Schöpfungstagen der Genesis, heiligen Zahlen usw. je nach dem Zusammenhang. Die Komplizierung war gewollt; nur wer sich hier durcharbeitete, durfte darauf hoffen, »die verschiedenen Sinnschichten des Buches Thot zu erkennen.« [36] S. 144)

Étteilla ist für das eigenwillige Arrangement und die dem Zeitgeschmack verpflichtete künstlerische Gestaltung seines Tarot oft gescholten worden. Noch ein Jahrhundert später befand Papus, der sich übrigens in puncto Divination gern an Étteilla orientierte: »Der Tarot von Étteilla besitzt keinen Symbolwert; er ist eine arge Verstümmelung des echten Tarot.« ([98] S. 74)

Zwar stimmen, außer Étteilla, alle Theoretiker des Tarot in der Anordnung der 22 Hauptkarten weitgehend überein, so unterschiedlich ihre Auffassungen sonst sein mögen. Das jedoch nicht etwa, weil man hier tatsächlich einmal einen Zipfel des ›echten‹ Tarot zu fassen bekommen hätte. Der Grund solch ungewohnter Einigkeit ist schlicht und ergreifend, daß man kaum jemals weiter zurückgeblickt hat als Court de Gébelin selbst es tat. An Tarock-Karten, die älter sind als der Tarot de Marseille, besteht unter Esoterikern nur schwaches Interesse.

Aus diesem Grund ist die Überzeugung weit verbreitet, der Tarot de Marseille komme in Ikonographie, Titulierung und Anordnung der Karten dem ›Ur-Tarot‹ am nächsten. Tatsächlich stellt der Tarot de Marseille jedoch keine sehr altertümliche Formgebung dar. Es zeugt nicht gerade von gründlicher Kenntnis der Materie, wenn ein Vergleich zwischen dem Tarot de Marseille und den frühen italienischen Tarock-Karten in der Behauptung gipfelt:

»Trotz etlicher Fehler bei der Buchstabierung und Interpunktion der Titel sind die meisten Details der ursprünglichen Darstellungen getreu wiedergegeben worden«. ([31] S. 18)

Erstens waren es keineswegs nur die Fehler unvermögender Kartenmacher, dieser ewigen Sündenböcke, welche für die Unterschiede sorgten. Es war vielmehr der Gestaltungswillen französischer Bildkünstler und Kunsthandwerker, die zeitgemäße Formen eines bereits klassisch gewordenen Spiels schaffen wollten. Ikonographische Eigenständigkeit kennzeichnete schon die Tarot-Karten, die Jaques Vieville um 1660 in Paris schuf, obwohl sie in vielerlei Hinsicht den italienischen Vorbildern immer noch ähnlicher waren als später der Tarot de Marseille.[16]

Und zweitens ist es ein Irrtum, anzunehmen, die Anordnung der Trümpfe im Tarot de Marseille entspräche in ihrer Reihenfolge den frühen Formen des Tarock-Spiels in Italien. Den Italienern waren zwischen dem 15. und 17. Jahrhundert eine ganze Reihe verschiedener Anordnungen geläufig. Jede stand für eine besondere Art, die Rangfolge der Trümfe fest-

16 Der Tarot Vieville, besprochen in [5] Bd. 1, S. 188 ff., wird noch heute als Nachdruck aufgelegt.

zulegen. Keine einzige davon stimmt aber mit der des Tarot de Marseille überein.[17]

Die Umstellung wurde in Frankreich schon deshalb erforderlich, weil sich dort eine ganz andere Hierarchie der Trümpfe beim Tarock einbürgerte. Es ist auch durchaus kein Geheimnis, wie diese besondere Rangfolge in den Tarot de Marseille gelangte. Das erste Mal tauchte sie 1557 in einem Tarot des Lyoner Kartenmachers Catelin Geofroy auf.[18] Sie wurde ins Spiel eines unbekannten Kartenmachers vom Anfang des 17. Jahrhunderts übernommen, das bereits als unmittelbarer Vorläufer des Tarot de Marseille anzusehen ist.[19] Mit dem Erscheinen des Tarot de Marseille um 1700 wurde diese Anordnung in praktisch alle Ausgaben des Spiels außerhalb Italiens übernommen.

Diese trockene Materie beweist wenig Anziehungskraft auf die Anhänger des Tarot. In die Patina der Überlieferung verliebt, zeigen sie ein schlechtes Auge für das tatsächliche Alter der Schätze ihrer Weisheit. Treu wird die gewohnte Reihenfolge von 22 geweihten Bildern bewahrt und in unzähligen Tarot-Büchern als Stufenfolge eines initiatischen Weges gelehrt, der seit urdenklichen Zeiten zur heiligen Ganzheit des Menschen führen soll. Nun ist für diese Anordnung aber nicht der sagenhafte Hermes Trismegistos, sondern nur ein ganz gewöhnlicher französischer Kartenmacher namens Catelin Geofroy verantwortlich. Also kann man getrost einen Étteilla von dem Vorwurf entlasten, die heilige Ordnung gestört zu haben.

Auch wurden die Bilder der Karten immer wieder umgezeichnet. Étteilla war nur der erste, der sich die Freiheit nahm, dabei nach seinem Geschmack zu verfahren, um hinterher ungeniert zu behaupten, damit sei die ursprüngliche Aussage der Motive wiederhergestellt. Étteillas eigenwilliges Vorgehen beeinträchtigte aber keineswegs seinen machtvollen Einfluß. Das

[17] Material hierzu in [130], [32], [60].

[18] Diese Karten befinden sich heute im Museum für Kunsthandwerk, Frankfurt am Main. Illustrationen in [60], Abbildung 156; [64] Bd. 1. S. 132.

[19] Es wird verwahrt in der Bibliothèque Nationale, Paris. Illustrationen in [5] Bd. 1, S. 194 sowie Bd. 2, S. 206; [60], Abbildung 15a.

zeigt doch, worum es in der Tarot-Esoterik eigentlich geht, nämlich um die Fähigkeit des Interpreten, mit prinzipiengeleiteter Phantasie die Bilder und Zeichen der Karten zu Sprechen zu bringen.

Alle Exegese des heiligen Bilderbuches Tarot ist und bleibt eben ein mehr oder weniger geistreicher Versuch, in eine kunstvolle, aber ursprünglich wenig tiefsinnige Komposition von Bildern esoterische und psychologische Bedeutung zu verlegen. Diese Erkenntnis erhält freilich innerhalb des Bewußtseinshorizontes der Tarot-Bewegten selten ein Plätzchen.

Auf den ersten Blick hat der Étteilla-Tarot kaum etwas mit dem Tarot de Marseille gemeinsam. Man könnte diesen Kartensatz den im 18. Jahrhundert aufkommenden Bilderkarten zuordnen, geschaffen von einem der unzähligen Nachahmer Hogarthscher Illustrationskunst. Bilderkarten mit allegorischen und moralisierenden Darstellungen waren seinerzeit in England, Frankreich und Deutschland beliebt (vgl. [60] S. 14 f.). Sie stehen an der Grenze zwischen üblichem Kartenspiel und Wahrsagerei.

Nur dem geübten Auge sind Étteillas Karten als umgestaltete Tarock-Karten erkennbar. Sie sind teils auf lebensnahe, teils auf mystisch anmutende Darstellung ausgelegt. Die divinatorischen Bedeutungen jeder Karte sind oben und unten stichwortartig vermerkt. Die Karten 1 bis 12 weisen jeweils ein dazugehöriges Tierkreiszeichen auf; Nr. 2 bis 5 Bezeichnungen für je eines der vier Elemente; Nr. 2 bis 7 führen jeweils einen der Schöpfungstage der Genesis an. Nr. 8 trägt die Beschriftung *Repos* (Ruhe), da sie den 7. Tag, als Gott sich von seinem Schöpfungswerk ausruhte, bezeichnet. Nr. 1 repräsentiert die Person, der die Karten gelegt werden, wenn es sich um einen Mann, Nr. 8, wenn es sich um eine Frau handelt.

Auf den heute vertriebenen Étteilla-Karten *(Grand Étteilla)* tragen Nr. 22 bis 77 die bekannten Farbzeichen Stäbe, Becher, Schwerter und Münzen. Auf dem oberen Zweidrittel des Bildfeldes sind die Farbzeichen, offensichtlich in symbolisch gemeinten Konstellationen, angeordnet. Im unteren Drittel befinden sich bei den Stäben Gefüge aus Nägeln, die ein

Abbildung 14 Die ersten acht Karten des *Grand Étteilla* in einer seltenen deutschen Version von 1857; aus [115].

wenig an Keilschriftzeichen erinnern. Bei den Münzen sind Sternenbahnen und Planetengötter aufgeführt. Bei Bechern und Schwertern bleibt dieses Feld leer. Im Unterschied zu den Karten, die Étteilla 1783 selbst auf den Markt warf, steht am Ende der gesamten Reiche als Nr. 78 die ›Torheit‹ *(Folie)* – obwohl diese Karte, als Abkömmling des ›Narren‹, gleichzeitig die Ziffer 0 zeigt. Étteilla selbst hatte sie ursprünglich an die 22ste Position, zwischen Haupt- und Nebenkarten, gestellt.

1788 gründete Étteilla seine Gesellschaft der Freunde des Buches Thot. Sie veröffentlichte kurz nach seinem Tod ein Nachschlagewerk, *Dictionnaire synonimique du Livre de Thot* (Synonymwörterbuch des Buches Thot), in dem alle denkbaren Bedeutungsvarianten jeder einzelnen Karte verzeichnet waren.

Eines der Mitglieder dieser Vereinigung und gleichzeitig ein Lieblingsschüler Étteillas, ein Preuße namens Hisler, führte die Methode seines Lehrers in Deutschland ein. Hisler praktizierte gegen Ende des 18. Jahrhunderts Kartenlegerei in Berlin. Aus seinem Umfeld stammt möglicherweise das einzige Unterrichtsbuch über die Tarot-Divination nach Étteilla in deutscher Sprache. Unter dem Titel *Theoretischer und praktischer Unterricht über das Buch Thot* wurde es vom Stuttgarter Antiquar Johann Scheible 1857 als 14. Band einer esoterischen Reihe verlegt, die sich seinerzeit einen Namen machte. (Vgl. [94] S. 12 f.)

Das Werk verrät gründliche Kenntnis der Lehren Étteillas. Ohne daß er darin ein einziges mal erwähnt würde, schöpft es, bis hin zu wörtlicher Übersetzung, freizügig aus seinen Schriften. Im Gegensatz zu zahlreichen Heftchen, die unter dem Namen des berühmten französischen Kartenlegers angepriesen wurden, war dies kein Produkt für den Hintertreppenbuchhandel. Der anonyme Autor nimmt für sich in Anspruch, seit beinahe 40 Jahren Kartenlegerei zu betreiben und hochgestellten Persönlichkeiten zu dienen. Natürlich läßt sich diese Behauptung nicht überprüfen. Stil und Inhalt seiner Ausführungen lassen jedoch keinen Zweifel daran, daß er es im Unterschied zu den meisten seiner Kolleginnen und Kollegen nicht nötig hatte, seine Fähigkeiten in Kaschemmen und Jahrmarktsbuden zu zeigen.

Wir begegnen hier erstmals in der Tarot-Literatur einer Einstellung, die von der schicksalsgläubigen Zukunftsdeutung zur Lebenshilfe gelangen will. Der Verfasser meint, es reiche keineswegs aus, zur Ausübung der Kartenlegerei die üblichen Qualifikationen zu besitzen, wie Beherrschung der methodischen Prinzipien, Menschenkenntnis und Sinn für die rituelle Ausgestaltung der Situation mit dem Klienten. Um die Tarot-Divination im richtigen Geist zu vollziehen, müsse es zu einer »Vereinigung der Seelen« zwischen Berater und Ratsuchendem kommen. Um sie »zwischen dem Enthüller der Zukunft und dem Fragenden zu Stande zu bringen, so ist nöthig, daß jener wirklich die Absicht, den Willen habe, zu heilen, und daß in diesem wirklich der Glaube herrschend sey, geheilt zu werden.« ([115] S. 222) Dieses Unterrichtsbuch nimmt damit auf bemerkenswerte Weise eine Einstellung vorweg, die sich die heutige Tarot-Beratung zugute hält.

Wer sonst nach Möglichkeiten sucht, das Kartenlegen nach Étteilla kennenzulernen, muß sich – wenn er keinen Zugang zu den rar gewordenen Werken des Meisters findet – an Papus halten. Allerdings sind dann nicht nur dessen eigene altkluge Bemerkung in Kauf zu nehmen, sondern auch noch die seiner deutschen Herausgeber ([98] S. 268 ff.). Es gehört eben immer noch zum *bon ton* in der Gemeinde des Tarot, kein gutes Haar am Werk des angeblichen Perückenmachers zu lassen.

Alles schriftlich für den Herrn Minister

Am 14. Juli 1789 stürmte das Volk von Paris die Bastille, das berüchtigte Staatgefängnis. Mit dem Ausbruch der Großen Revolution wurde das Schicksal des einzelnen zum Spielball der politischen Ereignisse. Ein ungeheurer gesellschaftlicher Umbruch verunsicherte die Menschen zutiefst und zwang sie, selbst ungewöhnliche Mittel zu versuchen, um das eigene Leben in den Griff zu bekommen.

Heerscharen von Experten für Selbstverwirklichung und Lebenserfolg standen bereit, um diesem Bedürfnis gerecht zu werden. Doch sich als Seelenfreund angstbesetzter Aristokraten und waidwunder Revolutionshelden zu profilieren, war nicht so leicht. Auch auf dieser Bühne verlangte das Publikum nun nach dem nie Dagewesenen, das alles Vorherige in den Schatten stellen sollte. Es prickelte einfach nicht mehr, wenn Mesmers Nachfolger ihre Hände auf die Körper nervös gewordener Adliger legten. Und vermochte Cagliostros Lebenselixir heute gefeierten Revolutionären etwa die Gewähr dafür zu bieten, daß sie nicht schon morgen aufs Schafott geführt würden?

Eher schon konnte da Étteillas Taschenorakel weiterhelfen. Verpackt in einem Etui, das wie ein Buch aussah, wurde es mitsamt Anleitung zum Wahrsagen für 3 Livres und 12 Sous feilgeboten ([5] Bd. 1, S. 476). Eine sinnträchtige Packung, damals wie heute gut für ausgezeichnete Verkaufsergebnisse!

In diesen unruhigen Jahren grassierte das Fieber der Kartomantie. Zugute kam seiner Ausbreitung, daß die Wahrsagerei sich der Toleranz aller republikanischen Parteien erfreute. Die Warnungen der Geistlichkeit vor der Zersetzung der Religion fruchteten nichts. Von einem Staat, der das Wort ›Gott‹ aus dem Wortschatz der Landessprache getilgt hatte, war wenig Wehrhaftigkeit gegen den alt-bösen Feind der Magie zu erwarten. Wahrsagekarten *(cartes de bonne aventure)* blieben gar im Unterschied zu normalen Spielkarten von der Besteuerung ausgenommen.[20]

Herkömmliche Methoden, der Zukunft ihre Geheimnisse zu entreißen, gerieten in Vergessenheit oder führten nur noch ein Mauerblümchendasein, sofern sie nicht in der einen oder anderen Form ins Kartenlegen einbezogen wurden. Die klassische Astrologie, die mit all ihren Berechnungen hochspezialisiertes Wissen erforderte, wurde regelrecht verlernt. Unter den berühmten französischen Okkultisten des folgenden Jahrhunderts war kaum noch einer, der sich damit wirklich auskannte.

Zwei Männer waren die Schöpfer der neuen Mode gewesen. Zu ihrem Idol aber wurde eine Frau. Court de Gébelin und Étteilla hatten das neugierige Publikum mit komplexen Symbolen und tüfteligen Methoden traktiert, um zu beweisen, daß Tarot eine Wissenschaft sei. Mademoiselle Lenormand, die Seherin aus der Rue Tournon, gab der Angelegenheit ein anderes Gesicht. Sie verkörperte den Typ der Sibylle, der prophetischen Frau, die im Zustand der Entrückung die Zukunft enthüllt. Sie identifizierte sich mit der Sibylle von Cumae (Kyme), einer der bedeutendsten Seherinnen des Altertums. Wie diese wurde sie zu einer Art nationaler Institution. Ihre Prophezeiungen betrafen ja nicht etwa nur das Schicksal des einzelnen Menschen, sie sagte auch die Zukunft der Völker voraus.

Marie Anne Adelaïde Lenormand wurde entweder 1768 oder 1772 in Alençon geboren. Sie entstammte einer mittelständischen Kaufmannsfamilie. Der Vater verstarb früh, und sie konnte ihre Schulausbildung im örtlichen Benediktinerinnen-Kloster nicht abschließen. Stattdessen mußte sie sich ihren Lebensunterhalt als Näherin verdienen.

Sobald sie volljährig geworden war, ging sie nach Paris. Zunächst arbeitete sie als Verkäuferin. Bald jedoch machte sie eine Bekanntschaft, die ihr den Weg aus dieser wenig anregen-

[20] Erst ab 1867, als die Kartomantie im Ansehen spürbar gesunken war, erhob man darauf den üblichen Steuersatz von 15% des Verkaufswertes. (Vgl. [5] Bd. 1, S. 479)

den Umgebung wies. Madame Gilbert war Kartenlegerin, und zwar eine gut beschäftigte, die eine Mitarbeiterin benötigte. Mit Hilfe eines Fleischerlehrlings namens Flammeront waren die beiden Frauen bemüht, der scharfen Konkurrenz in ihrer Profession mit Methoden zu begegnen, die die Aufmerksamkeit der Polizei auf sich zogen. Mademoiselle Lenormand wurde zu einer Gefängnisstrafe verurteilt. ([82] S. 675)

Genauere Umstände der Affäre lassen sich nicht mehr rekonstruieren. Doch ist zu vermuten, daß nachgewiesener Betrug dabei eine Rolle gespielt hat. Mit einfacher Wahrsagerei machte sich in Paris zu jener Zeit jedenfalls niemand strafbar. Möglicherweise benutzten die beiden Damen ihren Gehilfen dazu, ihre Kundschaft auszuspionieren.

Informationen aus der unmittelbaren Nähe der Klienten zu beschaffen, kann auch der Trefferquote hellseherischer Prognosen nur bekömmlich sein. Deshalb war es ein vielgeübter Brauch in der gewerbsmäßigen Wahrsagerei, Zuträger zu beschäftigen.

Wieder auf freiem Fuß, gingen die Geschäfte besser denn je. Marie Anne war nunmehr in der Lage, ihre eigene Praxis zu eröffnen und sie bald in einen mondänen Salon zu verwandeln. 40 Jahre lang hielt sie, mit einigen unfreiwilligen Unterbrechungen, in der Rue Tournon Hof. Ihr ›Schicksalskabinett‹ wurde zur Anlaufstelle von Größen aus Politik und Gesellschaft.

Wenn es auch unmöglich ist, zwischen Legende und Wirklichkeit immer zu unterscheiden, so ist doch unbestreitbar, daß sie wegen ihrer Fähigkeiten gerühmt und sogar gefürchtet wurde. Es dürfte keine Übertreibung sein, wenn man sie auf dem Höhepunkt ihrer Karriere als eine der einflußreichsten Frauen Frankreichs bezeichnet.

Trotz wiederholter Anfeindungen überlebte sie wechselnde politische Verhältnisse als Beraterin der Reichen und Mächtigen. Während der Revolution sollen Mirabeau und Desmoulins, selbst Marat und Robespierre zu ihren Besuchern gezählt haben. Den Jakoninern machte sie sich jedoch mißliebig wegen ihrer Sympathien für die abgesetzte Königin.

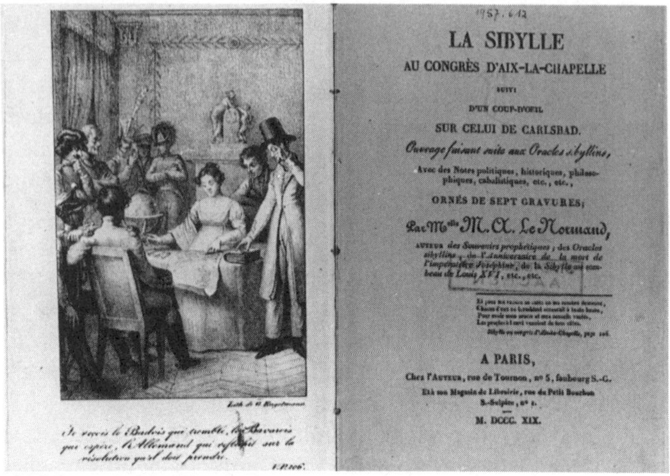

Abbildung 15. Titelblatt und Titelbild des Buches, in dem Marie Anne Lenormand ihre Erinnerungen an den Aachener Kongress (1818) niederlegte. Das Bild zeigt die Sibylle beim Erteilen des Kartenorakels, umringt von Gesandten verschiedener Regierungen. Die Beschriftung lautet übersetzt: »Ich empfange den zitternden Badener, den hoffenden Bayern, den nachdenklichen Deutschen, der eine Entscheidung zu treffen hat.« Aus [74].

In La Force, wo prominente Royalisten gefangengehalten wurden, lernte sie Joséphine, eine junge Kreolin, die Frau des Vicomte de Beauharnais, kennen. Daß sie ihr vor 1794 eine zweite Ehe mit einem weltberühmten Feldherrn weissagte, wurde von Mme. de Beauharnais niemals dementiert. 1796 heiratete die mittlerweile verwitwete Frau Napoleon Bonaparte. Natürlich wurde Mlle. Lenormand, die Wahrsagerin der Gattin des späteren Kaisers der Franzosen, nun vollends zum Liebling der Vornehmen und Mächtigen.

Später behauptete sie, die Erfüllung einer ihrer Prophezeiungen habe sie um die kaiserliche Gunst gebracht. In der Nacht des 28. Novembers 1809 habe Joséphine von Schlangen geträumt. Die Lenormand will das sofort dahingehend ausgelegt haben, daß am 16. des folgenden Monats der Kaiserin Unheil geschehen werde. Zufall oder nicht, gerade an diesem Tag ließ sich Napoleon scheiden. Schon einige Tage zuvor hatte er die Lenormand verhaften lassen.

Was auch immer an der Version der Wahrsagerin wahr gewesen sein mag, anzunehmen ist jedenfalls, daß dem Herrscher diese graue Eminenz und Vertraute seiner Frau seit geraumer Zeit Unbehagen bereitet hatte. Jetzt wurde sie ausgewiesen.

1814 kehrte sie aus dem Brüsseler Exil zurück, eröffnete ihren Salon erneut und hatte mehr Zulauf denn je. 1818 begab sie sich zum Aachener Kongress, auf dem über die Zukunft Frankreichs entschieden wurde. Wenn man ihr selbst glauben will, übte sie hinter den Kulissen gewichtigen Einfluß aus.

Nach dem erneuten Aufstieg des Hauses Bourbon zur Macht wurde sie ein Opfer der Maßnahmen, mit denen eine nun wieder erstarkende Kirche das Divinationswesen einzudämmen gedachte. Marie Anne Lenormand war keine beliebige unter Tausenden von Wahrsagerinnen und Wahrsagern im damaligen Frankreich. Sie war die Symbolfigur dieser einflußreichen Zunft, die mit beachtlichem Erfolg im angestammten Revier kirchlicher Seelsorge wilderte.

An dieser Frau mußte ein Exempel statuiert werden. In einem aufsehenerregenden Prozeß warf man ihr Ketzerei vor. Weil sie behauptet haben sollte, mit dem Erzengel Gabriel in Verbindung zu stehen und den Stein der Weisen zu besitzen, sowie wegen ähnlicher ›Vergehen‹ dieser Art wurde sie zu einer hohen Geldbuße und einem Jahr Gefängnis verurteilt. Man schrieb das Jahr 1821!

Eine Appellation beim Obersten Gerichtshof hatte jedoch Erfolg. Bei ihrer Freilassung wurde sie von einer großen Menschenmenge gefeiert. Nun trat sie politisch so gut wie nicht mehr in Erscheinung. Sie blieb jedoch bis zu ihrem Tod am 23. Juni 1843 außerordentlich populär. Ihrem Begräbnis wohnte eine große Menschenmenge bei.

In dieser ungewöhnlichen Karriere ist es nicht immer ganz leicht, Dichtung und Wahrheit voneinander zu trennen. Die Quelle der meisten Geschichten, die man sich über die Sibylle aus der Rue Tournon erzählte, war niemand anders als sie selbst.

Immer wieder ist die Frage aufgeworfen worden, ob sich Napoleon tatsächlich von ihr die Karten legen ließ. Um dies zu widerlegen, wurde darauf hingewiesen, daß sie mit ihren Enthüllungen erst herauskam, als der Imperator längst entmachtet war und seine letzten Jahre in Verbannung auf der fernen Atlantikinsel St. Helena verbrachte. Dem ist entgegenzuhalten, daß es ihr aber wohl schlecht bekommen wäre, hätte sie auch nur den geringsten Teil davon vorher verbreitet.

Ob sie wirklich berufen war, über das Leben Joséphines so detailliert zu berichten, wie sie das in einem zweibändigen Werk zu tun in Anspruch nimmt ([75]), sei dahingestellt. Jedenfalls schien sie über Interna des Lebens am Kaiserhof und über das politische Wirken hinter den Kulissen gut informiert gewesen zu sein. Der Ursprung ihrer politischen Prophetie dürfte gerade deshalb nicht nur in den Gesichten zu finden sein, mit denen sie heimgesucht zu werden pflegte.

Außerdem wurde nachgewiesen, daß ihre Voraussagen über die Zukunft Europas in ihrem Buch über den Aachener Kongress mittelalterliche Prophezeiungen aufgreifen ([101] Sp. 1213). Sicherlich ist es mehr als Zufall, daß beispielsweise der Wortlaut ihrer Vorhersage einer Besetzung und Zerstörung von Paris stark an die Prophezeiung der heiligen Birgitta von Schweden (1303–73) über das Schicksal Roms erinnert. (Vgl. [62] S. 194; Übersetzung in [34] S. 121)

Daß Mlle. Lenormand des öfteren geschwindelt hat, liegt auf der Hand, selbst wenn man ihr damals abgenommen haben mag, daß sie ›Chaldäisch‹ sprechen und Hieroglyphen lesen konnte. Der Griff in die Trickkiste der Zauberin, die sich werbewirksam zu präsentieren wußte, war bezeichnend für ihr Geltungsbedürfnis. Vorgeworfen wird ihr denn auch, durch Übertreibung an der eigenen Legende mitgesponnen zu haben. ([15] S. 335)

Mit dem Verweis auf ihre Ruhmsucht hat man aber die Frage noch nicht beantwortet, ob sie tatsächlich über hellseherische Fähigkeiten verfügte. Zwar erscheint es aussichtslos, sich aus ihren eigenen Angaben und den über sie in Umlauf gesetzten Geschichten ein sicheres Urteil zu bilden. Aber es gibt doch auch einige Augenzeugenberichte, die nachdenklich machen können. Einer davon stammt von Karl August Freiherr von Malchus (1770–1840).

Dieser Mann war keineswegs ein Freund okkulter Wunder. Gerühmt wurde er vielmehr als nüchterner Verstandesmensch. Von Malchus diente verschiendenen deutschen Regierungen als hoher Beamter. Er war Mitglied der Preußischen Spezial-Organisations-Kommission, Schatzaktuar des Hildesheimer Domkapitels und westphälischer Finanzminister. Seine Schriften zur Organisation der Staatsverwaltung gehören zu den wichtigsten Werken der frühen deutschen Staats- und Finanzwissenschaften.

Zwischen 1810 und 1814 hielt sich Freiherr von Malchus aus politischen und privaten Gründen mehrfach in Paris auf ([16] S. 724 ff.). Dort mußte er die Feststellung machen, daß in den gesellschaftlichen Kreisen, mit denen er verkehrte, ein ihm unverständlicher Respekt vor der berühmten Wahrsagerin herrschte. Da er einerseits nicht glauben konnte, was ihm über sie zugetragen wurde, andererseits aber seine Informanten keineswegs für unzurechnungsfähig hielt, beschloß er, selbst der Sache auf den Grund zu gehen. Er begab sich zu der Kartenlegerin.

Die Sitzung verlief folgerdermaßen: Zunächst fragte die Lenormand

1. nach dem Anfangsbuchstaben seines Taufnamens;
2. nach dem Anfangsbuchstaben seines Geschlechtsnamens;
3. und 4. nach dem Anfangsbuchstaben seines Heimatlandes und Geburtsortes;
5. nach seinem Alter, nach Tag und Stunde seiner Geburt;
6. nach dem Namen seines Lieblingstieres;
7. nach seiner Lieblingsblume und
8. nach dem Namen des ihm unsympathischsten Tieres.

Dann ging es ans Kartenschlagen. Von Malchus berichtet: »Hierauf holte sie zu den schon daliegenden etwa sieben Kartenspielen noch sieben andere. Zusammen waren es vierzehn Spiele. Sie waren aber sehr verschiedenartig; z. B. Tarokkarten, alte deutsche Karten, Whistkarten, Karten mit Himmelskörpern bezeichnet, Karten mit nekromantischen Figuren etc. Jetzt mischte sie ein Spiel nach dem anderen und gab mir jedesmal das gemischte Spiel zum Abheben. Ich wollte dies, wie natürlich, mit der rechten Hand thun, sie verhinderte es aber mit dem Beisatz: ›La main gauche monsieur!‹[21]

Um zu versuchen, ob sie dies nur zum Schein gefragt habe oder wirklich darauf achten und halten werde, nahm ich das zweite Mal von selbst die linke Hand, beim dritten Mal aber wieder die Rechte. Augenblicklich wehrte sie dies jedoch ab mit dem Zusatz: ›La main gauche, monsieur!‹ Aus jedem Spiel mußte ich nach dem Abheben eine von ihr bestimmte Menge Karten herausziehen (auch dies mit der linken Hand), aber nicht aus allen Spielen die gleiche Zahl, sondern aus dem einen mehr, auf dem anderen weniger. Aus den Tarokkarten z. B. 25, aus einem anderen 6, aus einem dritten 10 etc. Die gezogenen Karten behielt sie zurück und legte sie nach einer gewissen Ordnung auf den Tisch; alle übrigen wurde bei Seite geschafft.

Jetzt bat sie sich meine linke Hand aus und besah sie sehr aufmerksam; besonders achtete sie auf alle Linien und Einschnitte derselben. Nicht lange darauf fing sie an, die Linien herauf und herunter, herüber und hinüber zu zählen, indem sie zugleich die Himmelskörper dazu nannte. Endlich schlug sie ein in der Nähe liegendes großes nekromantisches Buch auf, in welchem eine ungeheure Menge Hände mit allen ihren Einschnitten gezeichnet waren.

Sie verglich eine der dortigen Hände nach der anderen mit der meinen und blieb bei derjenigen stehen, die auch mir der meinen am ähnlichsten schien. Dann fing sie an, die auseinander gelegten Karten sehr aufmerksam durchzusehen, zählte und rechnete dabei halblaut hin und her, bis sie endlich zu sprechen und mir aus den vorliegenden Karten mein Schicksal, das vergangene, das gegenwärtige und das künftige zu erzählen anfing. Dieses Erzählen ging aber so äußerst schnell, als ob sie Alles aus einem ihr vorliegenden Buch

21 »Die linke Hand, mein Herr!«

abläse. Traf es sich, daß sie in der Folge auf etwas schon früher Erwähntes zurückkam, so erzählte sie es pünktlich so wie das erste Mal, gerade als ob sie es noch einmal abläse.

In Betreff dessen, ob und wie weit sie ihrer Sache in dieser Hinsicht gewiß sei, stellte ich sie am Ende auf eine noch weit schwierigere Probe. Über die Vergangenheit meines Lebens sagte sie mir zu meinem größten Erstaunen Vieles, was ich selbst kaum noch, was in meinem Vaterland wahrscheinlich Niemand mehr und in Paris sicher kein Mensch wußte.

›Sie sind,‹ sprach sie u. a., ›schon mehr als einmal in Lebensgefahr gewesen, namentlich waren sie innerhalb ihrer fünf ersten Lebensjahre nahe daran, Ihr Leben im Wasser zu verlieren.‹

Wer sagte ihr, daß ich in meinem vierten Jahr in Schwetzingen in den großen Teich gefallen bin.

›Sie sind mehr als einmal schon in Feuersgefahr gewesen.‹ Auch das ist wahr.

›Sie wurden in Verhältnissen geboren, nach welchen Sie gerade nicht erwarten konnten, ein großes Glück in der Welt zu erlangen; aber sie haben es dennoch gemacht. Sie fingen sehr früh an sich zu rühren, um etwas Großes zu erreichen. Schon vor 25 Jahren nahmen sie zum erstenmal Dienste, aber in sehr untergeordneten Verhältnissen.‹ (Woher wußte sie, daß ich schon in meinem 19. Jahr in Dienste trat?)

Dann fuhr sie fort, mir eine Menge Einzelheiten meines vergangenen Lebens aufzuzählen und mir besonders die verschiedenen Abschnitte desselben so bestimmt und deutlich vor Augen zu legen, daß mir förmlich unheimlich bei ihr wurde, ja daß ich dabei eine Art Grausam empfand...

Auch die Gegenwart erwähnte sie ganz so, wie es sich verhielt. Über die Zukunft sprach sie einiges rätselhaft und zwar so, daß man es ebenfalls mit den Aussprüchen der Sibylle oder mit den Antworten der Pythia vergleichen könnte. Manches dagegen drückte sie sehr bestimmt aus, und es ist wahr geworden...

In den folgenden acht Tagen würde ich viermal nacheinander Auskunft über die Verhältnisse meines Vaterlandes und einmal sehr ausführlich Nachrichten in betreff meiner Familie bekommen.

Dies sagte sie mir am 28. März. – Zwei Tage darauf geschah der den Parisern völlig unerwartete Einzug der Verbündeten. Etwa sechs Tage nachher gehe ich auf den Boulevards spazieren. Eilend kommt Jemand in preußischer Artillerieuniform auf mich zu, und ich erkenne zu meinem Erstaunen den Herrn von R., der noch vor Kurzem mit uns in Compiègne gelebt hatte, dann – nach Hildesheim zurückgekehrt – unter die Preußen gegangen war und jetzt in gerader Linie von Hildesheim kam, mir folglich eine Menge Einzelheiten von den Meinigen mittheilen konnte, da er sie sämmtlich gesehen und gesprochen hatte. Bald darauf begegnete ich dem ehemaligen göttingischen Präfekten Delius usw.; kurz, ich erhielt wirklich in diesen acht Tagen zusammen viermal Nachricht aus Deutschland.

Weiter fuhr sie fort, ich werde nicht sehr lange mehr in Frankreich bleiben, sondern in mein Vaterland zurückkehren, in welchem ich anfangs eine Menge größerer und kleinerer Unannehmlichkeiten zu erdulden haben werden. So werde ich in demselben sogar gefangen genommen werden. Doch habe dies nichts zu bedeuten, indem man mich schnell wieder freilassen würde. (Beides ist hier in Heidelberg geschehen.)

Noch sagte sie sehr bestimmt: vor dem 23. November 1814 werde ich eine wichtige, mir aber unangenehme Entscheidung erhalten, und wirklich erhielt ich am 21. November 1814 von dem hannöverschen Minister Graf Münster die Antwort auf meine Vorstellung wegen Wiedereinsetzung in mein Gut Marienrode; diese wurde mir jedoch abgeschlagen, jedoch der von mir erwähnte Recurs an den Wiener Congreß mir freigegeben..« (Zit. nach [66] S. 413 ff. aus den Memoiren des Freiherrn von Malchus)

Herr von Malchus war beeindruckt. Doch er war keineswegs zufriedengestellt. Nach genau vier Wochen begab er sich erneut in die Rue Tournon und ließ sich alles, was ihm geweissagt worden war, auch schriftlich geben. Daß darin, wie Kiesewetter schreibt, ein Teil der Probe für die Sibylle gelegen haben soll, will nicht recht einleuchten. Aber immerhin hatte der Herr Minister, diese treue Beamtenseele, jetzt ›etwas in der Hand‹, um seine unbegreiflichen Erfahrungen zu Hause glaubhaft zu machen.

Interessant sind seine Schilderungen als Augenzeugenbericht einer Sitzung bei der berühmtesten Wahrsagerin des Jahrhunderts allemal. Diese schrieb zwar viel, jedoch mehr über ihre Karriere als über esoterische Themen im eigentlichen Sinne. Sie war in der Lage, kapitelweise über die *grande cabale* ihres Kartenlegens zu schreiben und dabei ihr tatsächliches Vorgehen im Nebulösen zu lassen. Es sollte wohl genügen, wenn die Leute wußten, daß sie bedeutenden Persönlichkeiten in wichtigen Fragen Rat erteilt hatte.

Über die Kartomantie hinaus führt sie weitere mantische Techniken an, die sie beherrscht haben will: Scyomantie (Orakel durch die Schatten), Alectromantie (aus dem Picken der Vögel, insbesondere eines Hahns), Capnomantie (aus dem aufsteigenden Rauch eines Feuers), Libanomantie (aus dem Verbrennen von Weihrauch), Lampadomantie (aus dem Flackern des Lichts). Daß sie diese obskuren Techniken wirklich angewendet hat, ist weniger wahrscheinlich als daß sie damit zeigen wollte, daß sie sich mit Feinheiten der mittelalterlichen Divinationskunst auskannte. Das alles wird, wie Peukkert bemerkt, nur »Draperie« ([101] Sp. 1212) gewesen sein. Die Methoden, derer sie sich tatsächlich bediente, waren alles andere als ungewöhnlich. So, wie von Malchus sie beschrieb, wurden sie auch von unzähligen anderen Vertreterinnen und Vertretern ihres Standes angewendet.

Bemerkenswert ist, daß das Kartenlegen hier in Verbindung mit anderen überlieferten Divinationstechniken auftritt. Diese kommen insbesondere in der Eingangsphase der Sitzung, so wie wir sie beschrieben finden, zur Geltung.

Zunächst wurde auf onomantische Verfahren zurückgegriffen (s. o. 1. bis 4.). Die Onomantie oder Weissagung aus dem Namen war eine populäre Spielart der Kabbalistik. Sie beruhte auf der Vorstellung, daß der Name einer Person oder Sache auch ihr Wesen repräsentiere, wenn man ihn richtig zu deuten versteht. Dazu mußte man seine Buchstaben in Zahlen verwandeln. Dies geschah auf unterschiedliche Weise, z. B. etwa mit Hilfe besonderer Tabellen, die den Zahlenwert bestimmter Buchstabenkombinationen verrieten. Daraus wurde dann das Orakel erteilt.

Sodann wurde offenbar eine Art astrologischer Kurzanalyse des Ratsuchenden vorgenommen (s. o. 5.). Schließlich hatte er noch über bestimmte Vorlieben und Abneigungen Auskunft zu geben, die ebenfalls Bedeutung für seine psychologische Beurteilung gehabt haben müssen (s. o. 6. bis 8.). Auf welche Weise daraus Anhaltspunkte gewonnen wurden, ist nicht mehr zu sagen. Jedenfalls scheint es sich um ein übliches Verfahren gehandelt zu haben. Belegt ist, daß noch in den 50er Jahren des vergangenen Jahrhunderts Pariser Kartenlegerinnen dieselben Fragen stellten. ([15] S. 318)

Damit waren die nötigen Daten im Sinne esoterischer Menschenkunde eingeholt. Zudem war für eine stimmungsvolle Vorbereitung des eigentlichen Kartenlegens gesorgt. Das Rituelle ist eben ein unverzichtbares Element dieser Art von Psychologie. Es verstärkt den Zauber der Situation, versetzt den Fragenden in spannungsvolle Aufmerksamkeit und erhöht seine Bereitschaft, sich vom Kommenden gefangennehmen zu lassen. So ist es keineswegs nebensächlich, sondern ein Erfordernis unerklärbarer Gesetzmäßigkeiten, wenn die Sibylle wünscht, ihr Klient möge doch die linke Hand zum Abheben nehmen.

In dessen Beschreibung werden weitere Elemente des Verfahrens deutlich, das die berühmte Kartenlegerin anwendete. Offenbar bezog sie nach eigenem Gutdünken eine Fülle von Spiel- und Wahrsagekarten ein. Hinsichtlich der »gewissen Ordnung«, nach der die gezogenen Karten auf dem Tisch ausgebreitet wurden, läßt sich leider nichts erkennen. Auch die Lenormand schien etwas von der Technik Étteillas übernommen zu haben, denn die Aussage der Konstellation wurde auf irgendeine Weise durch Rechnen ermittelt.

Wie auch immer die Seherin zu ihren Prophezeiungen gelangte – die Sitzung bei ihr war eine Demonstration höherer

Wissenschaft und charismatischer Gaben. Heute herrscht beim Kartenlegen ein anderer Geist. Autorinnen und Autoren gängiger Tarot-Lehrbücher sind ausgesprochen bemüht, ihre Leser mit jeglicher Form des Aberglaubens zu verschonen. Man will um jeden Preis den Eindruck vermeiden, Tarot sei im Grunde nur eine atavistische Leidenschaft.

Dagegen erliegt man allzu leicht der Versuchung, die eigene Hausmacher-Psychologie zu Markte zu tragen. Kartomantie à la Mlle. Lenormand dagegen, das war noch ganz der Mummenschanz des alten Okkultismus, auf den die Tarot-Bewegten unserer Tage so gern herabsehen. Allerdings brauchte der Ratsuchende dabei noch keinen Straußenmagen zu besitzen, um den Schmus postmoderner Seelenkunde zu verdauen, der heute beim Kartenlegen geboten wird. Auf diese Weise kann Tarot auch auf gute Fragen gewiß nur schlechte Antworten geben.

Mit der mondänen Lenormand war der Zenith einer Entwicklung erreicht, die das Kartenlegen aus der Hinterhof-Kultur Étteillas in die großen Welt geführt hatte. Die Sibylle aus der Rue Tournon setzte Maßstäbe nicht nur an Können, sondern auch an Stil. Aus der Schar von Nachfolgerinnen konnte ihr keine das Wasser reichen. Mlle. Lelièvre nannte sich zwar die neue Sibylle, sie war es aber eben nicht. Mmme. Clément war astrologisch versiert, doch ihre Kartomantie ein Aufguß der Methoden Étteillas. Letzteres galt ebenso für Mlle. Orsini. Mlle. Lemarchand war wenigstens von erfrischender Offenheit, wenn sie die Kartomantie als ein reizvolles Vergnügen bezeichnete.[22]

Auch die Heren der Schöpfung meldeten sich im Namen der vielfach kopierten, aber unerreichten Prophetin zu Wort. Sie lag noch nicht ein Jahr unter der Erde, da veröffentlichte ein ›Johannes Trismégiste‹ ein Werk, das als ihr geistiges Vermächtnis ausgegeben wurde. *L'Art de tirer les cartes*, erschienen in Paris 1843, wurde bereits 1846 ins Deutsche übersetzt ([137]). Obwohl es nur mit dem großen Namen der Sibylle renommierte und im Grunde nichts mit ihrer Art, die Karten zu

22 Mehr über diese Damen in [32] S. 113.

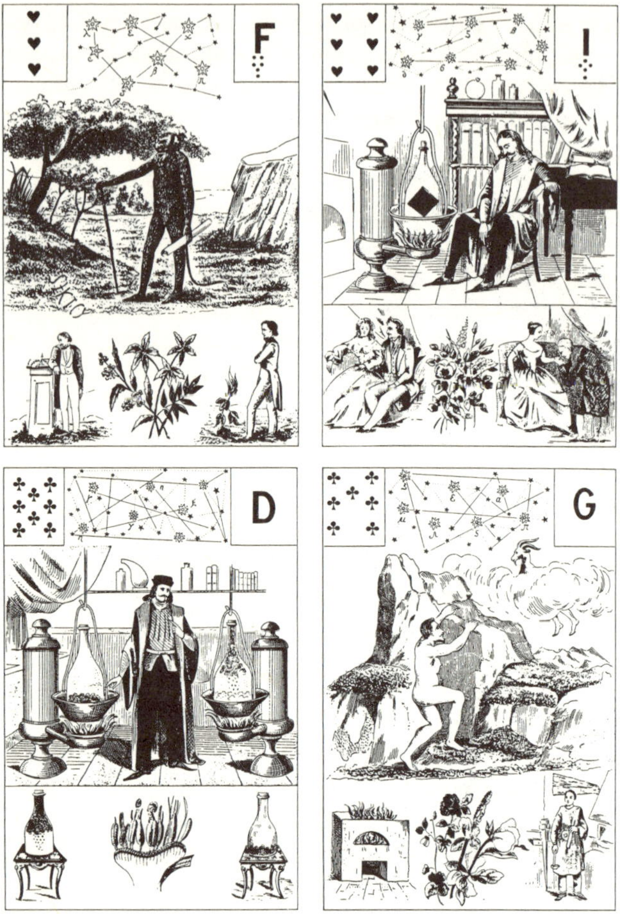

Abbildung 16. Großes Lenormand-Spiel (1845).

Oben links: Ein Kynekophalos (hundeköpfiges Fabelwesen) ritzt mit einem Stab Buchstaben in die Erde.

Oben rechts: In einer Wolke verwandelt sich Pan in einen Ziegenbock, um den Riesen, der den Himmel ersteigen will, zu täuschen.

Unten links: Alchemist zwischen zwei Lampen, die die Heirat des Festen mit dem Unfesten anzeigen.

Unten rechts: Mit Zufriedenheit betrachtet der Alchemist den Stein, der zu Gold geworden ist.

(Bildbeschreibungen nach [60].

legen, zu tun hatte, verdient es dennoch Beachtung. Es gibt nämlich einen Überblick über die verschiedenen Formen des Kartenlegens, wie es um die Mitte des vergangenen Jahrhunderts in Frankreich praktiziert wurde.

Nach wie vor erfreuten sich die Piquet-Karten dazu großer Beliebtheit. Für sie werden in diesem Werk allein fünf verschiedene Einsatzmöglichkeiten geschildert, darunter eine, die schon der mysteriöse de M.*** empfohlen hatte.

In dem Teil des Buches, der sich mit dem Tarot beschäftigt, wird auf Court de Gébelins Ansichten zurückgegriffen, um die Trümpfe »in ihrer unsprünglichen aus der ägyptischen Geheimlehre hergeleiteten Bedeutung« ([137] S. 22) zu erklären. Ganz ohne Bedenken wird dabei teils auf Varianten Courts, teils auf solche de M.***'s zurückgegriffen.

Darüberhinaus werden verschiedene Legemethoden für die Tarot-Karten erläutert. Die erste wird die ›ägyptische‹ genannt, ist aber sicherlich vom Verfasser selbst erdacht worden. Die zweite, ›nach Zigeunerart‹, legt ein Deutungsraster zugrunde, das den zwölf Häusern der Astrologie nachempfunden ist. Die dritte, ›nach französischer Art‹, verwendet die Bedeutungslehre des Étteilla-Tarot.

Mittlerweile waren in Frankreich eine große Anzahl phantasievoll gestalteter Kartenblätter in Umlauf, die alle eigens zu Wahrsagezwecken entworfen und verkauft wurden. Da gab es Karten mit astrologischen Illustrationen, solche mit zeitgenössischen, mittelalterlichen, biblischen und anderen Motiven. Längst nicht alle diese Blätter waren umgestaltete Tarot-Karten.

Im Jahre 1845 erschien ein mantisches Kartenspiel unter der Bezeichnung *Grand jeu de Mlle. Lenormand* (Großes Lenormand-Spiel). Nichts deutet jedoch darauf hin, daß nun gerade diese Karten ihren Namen zu Recht bekamen ([60] S. 122), unter dem sie gleichwohl noch heute verkauft werden.

Es handelt sich um ein aufwendig bebildertes Kartenspiel zu 53 Blatt in französischen Spielfarben mit den Werten As, König, Dame, Bube, 10 bis 2 sowie Herr und Dame. Jede einzelne Karte zeigt in der Mitte ein großes, unten drei kleine

Bilder und oben eine Sternenkonstellation sowie einen Buchstaben, letzterer oft in Verbindung mit einer Zusammenstellung geomantischer Punkte.[23]

Die zentralen Bilder illustrieren Themen der griechischen Mythologie oder greifen astrologische bzw. alchemistische Vorstellungen auf. Durchaus nicht immer sind die kleinen Szenen Erläuterungen der großen. Sie haben mehr die Funktion von Piktogrammen, d. h. schematisierten bildhaften Darstellungen, die für einen Begriff oder einen Vorgang stehen. Das Erläuterungsheft, welches man heute zusammen mit dem Spiel erwirbt, ist ein verkürzter Nachdruck der Erstauflage von 1845 ([60] S. 112). Als anspruchsvoll erweist sich die zugrundegelegte Methode, die Karten zu legen und zu deuten.

Während das Große Lenormand-Spiel heute fast zum reinen Sammlerobjekt geworden ist, erfreute es sich im letzten Jahrhundert ausgesprochener Beliebtheit als praktisches Divinationsinstrument. Ein gut informierter, sehr kritischer Betrachter der Szene beschreibt die Verbreitung dieses Spiels außerhalb Frankreichs im Jahre 1869: »Die Karten der Lenormand haben in Deutschland einen so großartigen Absatz gefunden ... und sind neben einigen bekannten, der Unzucht sanfte Kissen polsternden Schriften der gewinnreichste Artikel unseres Buchhandels geworden.« ([152] S. 345)

Das dürfte noch nicht einmal eine Übertreibung gewesen sein, um die Gefahr des Okkultismus in besonders grellen Farben auszumalen. Um die Mitte des 19. Jahrhunderts war die Kartenlegerei in Frankreich und Deutschland zu einem Volksvergnügen ersten Ranges geworden. Wer im Tarot mehr sah als nur ein Orakelinstrument, konnte dieser Tatsache nur mit gemischten Gefühlen gegenüberstehen.

23 Die Geomantie, auch Punktierkunst, ist ein mantisches Verfahren, das im Mittelalter aus dem arabischen Kulturraum nach Europa gelangte und sich bis ins 19. Jahrhundert hinein großer Beliebtheit erfreute.

Der erste Weise des Wassermann-Zeitalters

Am 1. August 1853 erschien in der *Revue Progressive*, einem Organ der Pariser Bohème, ein Kommentar zur Unvereinbarkeit von Spiritualität und Aberglauben. Mit etwas zopfigem Pathos wurde die Degenierierung des Tarot beklagt:

»...das Buch Thot, dieses Vermächtnis der Tradition des alten Ägypten, dieses symbolgeladene Resümee urzeitlichen Wissens, dieses bewegliche Kräftespiel des menschlichen Schicksals, diese Synthese der Allegorien des Hermes und der Rechenkunst des Pythagoras, worin Tugenden und Gottheiten die heiligen Zahlen personifizieren und die gesammelten Kräfte der Sieben und der Zehn erläutern: dieses Buch Thot ist den grotesken Deutungen der Straße und der Zigeuner verfallen; es ist nur noch ein gewöhnliches Spiel mit ehrwürdigen Karten. Zuviel der Ehre, wollte man es überhaupt noch Tarot nennen!« (Übers. nach [20] S. 140)

Tatsächlich: Wer beim Lesen des Buches Thot heilige Schauer verspürte, dem sprang das Übel in die Augen, wenn er um sich blickte. An den Ufern der Seine, wo die fliegenden Händler ihre Stände hatten, fand man zwischen Schmökern und antikem Plunder die zur Groschenliteratur verkommene Exegese des heiligen Bilderbuches. Zu allem Überfluß trugen diese dürftigen Breviere der Kartenlegerei auch noch großspurig die Namen von Étteilla, Mlle. Lenormand, Albertus Magnus und Paracelsus, um ihren Absatz in der geheimwissenschaftlichen Flüstergemeinschaft zu sichern.

Auf den öffentlichen Plätzen lockten Gaukler mit Karten-Kunststücken die Menge an ihre Wundertische. Gegen Bares enthüllten sie jedem, der dazu bereit war, seine Vergangenheit, Gegenwart und Zukunft.

Um ausgefallene Ideen war man nicht verlegen. Im Jahre 1820 ging eine Augurin auf den Champs Élysées von einem weithin sichtbaren Podium herab ihrer Tätigkeit nach. Damit

Abbildung 17. Wahrsagerin auf den Champs Élysées (1821); aus [5].

die Diskretion gewahrt blieb, erteilte sie ihre Auskünfte durch ein langes Metallrohr, das ans Ohr des Kunden geführt wurde. Auf Drängen der Kirche wurde unter dem Regime Napoleons III. (1852–1870) wieder versucht, der Wahrsagerei mit polizeilichen Mitteln Herr zu werden. Der Erfolg blieb dürftig. Wenn nämlich sogar der neue Kaiser und seine bezaubernde Eugénie sich mit zweideutigen Gestalten aus der Okkult-Szene umgaben, mochte auch sein Volk nicht vom Übersinnlichen ablassen.

Wenn jetzt die Zigeuner zur Kirmes ihre Kartenkunststücke vollführten, wachte der Dorfpolizist darüber, daß auch alles mit rechten Dingen zuging. Doch abseits des Festplatzes, in einem Landfahrerwagen, dessen Inneres orientalische Geheimnisse atmete, empfing eine Madame Cassandra oder Madame Pythia ihre ungeduldig wartende Kundschaft.

Auch die Sibyllen der Salons brauchten kaum zu befürchten, daß ihre guten Dienste weniger gefragt waren. Allerdings mußten sie damit rechnen, daß das Klima rauher wurde. Die Art und Weise, wie sie sich darauf einstellten, fand bei den Klienten nicht immer Beifall. Resignierend stellte ein Kenner der Zunft 1854 fest:

»Ihre Prophezeiungen sind keine Prophezeiungen mehr... Die aktuelle Kartomantie beschränkt sich auf eine Art moralischen Beistands; vor Enthüllungen sollen wir verschont bleiben.« ([15] S. 35)

Wenn der Tarot also einerseits zum Beiwerk des Volksaberglaubens, andererseits zur launigen Abrundung psychologischer Beratung verkam, wo blieb da die spirituelle Würde des Buches Thot?

Der Verfasser des oben zitierten Kommentars, ein ›Abbé‹ (Geistlicher) namens Constant, beließ es nicht dabei, über diese Entwicklung in Wehklagen auszubrechen. In Kürze sollte er selbst, mehr als jeder andere, zur Ehrenrettung des Tarot beitragen.

Hinter dem Pseudonym Abbé Constant steckte ein gewisser Alphonse Louis Constant. Er wurde wenig später zu Éliphas Lévi und als solcher zur Schlüsselfigur einer Bewegung, die mit periodischem Rumoren aus dem mentalen Untergrund des Abendlandes die weltlichen und geistlichen Mächte gleichermaßen um die psychische Gesundheit der Jugend fürchten läßt.

Am 8. Februar 1810, im Sternzeichen des Wassermann, wurde Alphonse Louis Constant als Sohn eines Schusters und einer frommen Hausfrau in Paris geboren. Als Kind besuchte er die Armenschule. Deren Leiter, ein Pfarrer, war von dem aufgeweckten Jungen so angetan, daß er ihm einen Studienplatz für die Ausbildung zum Priester verschaffte.

Am Unterseminar von Saint-Nicolas-du-Chardonet kam Alphonse Louis in die Obhut des Abbé Frère Colonna, der alles andere als ein gewöhnlicher Geistlicher war. Er galt als der führende kirchliche Experte seiner Zeit auf dem Gebiet ketzerischer Irrlehren. Wenn Frère sich offiziell auch ganz in den Dienst des kirchlichen Abwehrkampfes gegen die okkultistische Unterwanderung der Religion stellte, so übten die geheimen Mächte auf ihn wohl doch eine starke Faszination aus. Es überrascht nicht, daß er eines Tages von seinem Posten als Seminarleiter entfernt wurde. Indessen sagte man seinem

Lieblingsschüler Constant eine vielversprechende Zukunft als Theologe voraus.

1830 bezog dieser das Oberseminar von Saint-Sulpice, eines der renommiertesten Ausbildungsinstitute der französischen Geistlichkeit. Im Dezember 1835 wurde er zum Diakon ernannt. Doch im Mai des folgenden Jahres legte er das geistliche Gewand ab. Dabei stand er nur wenige Tage vor seiner Weihe zum vollgültigen Priester. Was war geschehen?

Seit längerem schon hatte der junge Constant im Widerstreit mit sich selbst gelegen. Er war ein glühender Christ – allerdings auf seine eigene Art und Weise. Mit der unumschränkten Autorität des Stuhles Petri in Glaubensfragen konnte er sich ebensowenig anfreunden wie mit der asketischen Seite des Daseins eines katholischen Geistlichen. Bereits in der Gemeinschaft der Seminaristen fühlte er sich als Außenseiter. Die Amtsenthebung seines verehrten Lehrers, des Abbé Frère, hatte seinem Vertrauen in die Toleranz der Kirche bereits einen schweren Schlag versetzt. Möglicherweise kamen in Saint-Sulpice Streitigkeiten mit den Oberen in Glaubensdingen hinzu.

Als er, gerade Diakon geworden, sich in ein junges Mädchen verliebte, das er im Katechismus unterrichtete, war das Ende seiner Karriere als Kirchenmann absehbar, bevor sie richtig begonnen hatte. Ob der Abgang aus dem Seminar freiwillig erfolgte oder ob er ausgeschlossen wurde, kann oder will sein Biograph Chacornac nicht sagen.

Es dauerte nicht lange, bis Constant sich Kreisen anschloß, in denen er seinen Durst nach Freiheit in vollen Zügen stillen konnte.

Mit der Julirevolution von 1830 war das Großbürgertum endgültig zur herrschenden Schicht Frankreichs geworden. Mit der fortschreitenden Industrialisierung wuchs aber auch das Selbstbewußtsein des städtischen Proletariats. Die sozialistische Bewegung formierte sich.

Unter dem vergleichsweise liberalen Régime des ›Bürgerkönigs‹ Louis Philippe (1830–1848) entglitt auch die Kulturpolitik vorübergehend wieder dem Zugriff der Kirche. In der Hauptstadt übte sich eine antibürgerliche Bohème ungeniert in einer Lebensweise, die regelrecht subkulturelle Züge trug.

Dies war das soziale Umfeld, in dem sich Alphonse Louis Constant jetzt tummelte. Im Grenzgebiet von Politik und Okkultismus, im Dunstkreis der intellektuellen Avantgarde und ihrer exzentrischen Gönner, unter revolutionären Atheisten und Arbeiterpriestern wurde der Abbé Constant alsbald zum Begriff. Er wurde zu einem profilierten Vertreter der radikalen Linken Frankreichs, die die Revolution von 1848 herbeiführte.

Dieses Kapitel im Leben eines Mannes, dessen Andenken in Okkultistenkreisen bewahrt worden ist, scheint zunächst keinen rechten Sinn zu ergeben. Es ist aber wichtig für den persönlichen Werdegang Constant-Lévis und höchst aufschlußreich hinsichtlich des spirituellen Strebens, für das sein Name steht.

Vom politischen Engagement des Abbé Constant berichtet Lorenz von Stein (1815–1890), der Autor eines Standardwerks zur Sozialgeschichte des 19. Jahrhunderts ([131]). Stein, der noch vor Marx die Klassenkämpfe als den eigentlichen Kern der Geschichte betrachtete, aber ein strammer Antikommunist war, bezeichnete die Gruppierung, der Constant angehörte, als christliche Kommunisten. Sie sei als sehr gefährlich einzuschätzen, weil sie den Glauben für die Revolution nutzbar zu machen und zwei Grundpfeiler der bürgerlichen Gesellschaft – Eigentum und Familie – zu beseitigen trachte. Diesem Kenner des Frühsozialismus war selbstverständlich auch der Abbé Constant bekannt, »der erste, der hinter Lamennais auf dem Gebiete des christlichen Kommunismus auftritt.« ([131] S. 433)

Mit Wohlwollen spricht dagegen die wohl erste sozialistische Bibliographie der Geschichte ([85]) von dem sozialrevolutionären Hauptwerk des Abbé Constant, der *Bibel der Freiheit (La Bible de la liberté)*, das 1840 in Paris erschien:

»Constant, ein ehemaliger Priester, setzte durch seine ›Bibel der Freiheit‹ nicht allein seine frühern Genossen,

Abbildung 18. Der Revolutionär Alphonse Louis Constant im Alter von 26 Jahren, von einem seiner Freunde gemalt; aus [20] S. 28.

sondern auch die Regierung in Allarm. Die ›Bibel‹ übertraf Alles an wilder verzehrender Gluth, sie ist das Buch der Revolution und verdient schon als poetisches Product hervorgehoben zu werden. Der Verfasser erlitt von allen Seiten die härtesten Verfolgungen, die ›Bibel‹ wurde aufgekauft, und erst durch eine Brüsseler Ausgabe 1841 dem Publikum wieder zugänglich; was nicht aufgekauft, wurde confiszirt.« ([85] S. 37)

Heute ist weitgehend unbekannt, daß diese umstürzlerische Schrift seinerzeit sogar ins Deutsche übersetzt wurde, ohne allerdings hierzulande spürbare Wirkung auf das politische Geschehen im Vorfeld der Märzrevolution von 1848 zu erzielen. ([95] S. 3)

Für den Verfasser der *Bibel der Freiheit* bilden Politik und Religion keinen Gegensatz, sondern zwei Seiten eines unteilbaren Emanzipationsstrebens. Deshalb ist es ihm unmöglich, seine religiöse Lebensorientierung in den kirchlichen Rahmen einzufügen. Das Reich des Idealen, Lichten, Göttlichen läßt sich nicht in den mystischen Elfenbeinturm weniger Auserwählter einzwängen oder allein ins himmlische Jenseits verlegen. Es soll schon hier, in dieser Welt und für alle, errichtet werden.

Als es dann soweit war, für die Revolution auf die Straße zu gehen, stand der Abbé Constant in vorderster Reihe. Wir verdanken ihm einen Augenzeugenbericht vom Beginn der

Auseinandersetzungen am 23. Februar 1848, als auf einer Kundgebung vor dem Außenministerium in Paris 52 Demonstranten getötet wurden ([20] S. 109 f.; [148] S. 198 f.). Doch das war nur der Anfang. Schätzungen sprechen von 10.000 Opfern in diesem europäischen Schicksalsjahr allein in der französischen Hauptstadt. ([86] S. 92)

Constant wurde unsanft auf den Boden politischer Realitäten zurückgeholt. Der Versuch, Christentum und Kommunismus in einer machtvollen Bewegung zu vereinigen, war kläglich gescheitert. Die Erste Internationale nahm bei ihrer Gründung im Jahre 1864 vom christlichen Kommunismus keinerlei Notiz, da er als politische Kraft aufgehört hatte zu existieren.

Hektische Jahre lagen hinter Alphonse Louis Constant. Er hatte mit seinem Engagement Schiffbruch erlitten und auch noch einen hohen Preis dafür gezahlt. Zweimal war er wegen seiner Überzeugung ins Gefängnis geworfen worden. Neben seiner politischen Schriftstellerei hatte er sich als Schauspieler, Buchillustrator, Kirchenmaler, Hauslehrer und Dichter versucht. Ein letzter Versuch, in die Arme der Kirche zurückzukehren, provozierte nur einen Skandal. Er war jetzt fast vierzig Jahre alt, ohne materiell Boden unter die Füße bekommen zu haben.

Auch sein Privatleben blieb von Turbulenzen nicht verschont. Die verwitwete Mutter hatte sich das Leben genommen, als aus dem mustergültigen Seminaristen der Revolutionär und Bürgerschreck wurde. Als Fünfunddreißigjähriger heiratete er die achtzehnjährige Noémie Cadiot, um einer Anzeige wegen Verführung Minderjähriger zu entgehen. Ihr gemeinsames Kind starb im Säuglingsalter, trotzdem schien die Ehe glücklich zu werden. Doch ausgerechnet im siebten Ehejahr brannte Noémie mit einem reichen Marquis durch.

In der Krise seines Lebens zog Alphonse Louis Constant eine bemerkenswerte Konsequenz. Er, der von nun an ein Geheimnis um seine Existenz wob, gab der Welt ein erstes Rätsel auf. Lorenz von Stein, der Kenner seines bisherigen Wirkungsfeldes, meinte gar, er sei »spurlos verschwunden« ([131] S. 437). Doch natürlich war das nichts als eine Falschmeldung.

Der Abdankung des Radikalen Abbé Constant folgte seine Wiederauferstehung als Magier Éliphas Lévi.

Diese Verwandlung war mehr als nur ein Ereignis von persönlicher Wichtigkeit für Alphonse Louis Constant. Sie war ein frühes Beispiel für den Motivationswandel, der heute bedeutende Teile einer ganzen Generation ergreift. Nachdem eine politische Utopie an der äußeren Realität zerbrochen ist, richtet sich das Bemühen um Veränderung nach innen.

Spirituelle Erneuerung wird zur treibenden Kraft eines Lebensentwurfs, der in seiner Eigenwilligkeit wieder Platz schaffen will für das nicht Normierbare, in seiner Unfaßbarkeit Faszinierende. Aberglauben ist hier wieder Aber-Glauben im ursprünglichen Wortsinn, ist Gegen-Überzeugung, die der unumschränkten Herrschaft der Vernunft entgegengesetzt wird. Dieser Aufbruch ins Irrationale will als ein Ringen um eine Dimension menschlicher Grunderfahrung verstanden werden, die unser Dasein bereichert.

Hier liegt wohl der Grund für den Zauber, der bis heute von der Gestalt des Éliphas Lévi ausgeht. Denn wie heute die Vorreiter der »persönlichen und gesellschaflichen Transformation im Zeitalter des Wassermanns« (Marilyn Ferguson) träumte er von einer durch und durch spirituellen Welt, in der »die Wege der Emanzipation für alle offen sein (werden), eine persönliche, allmählich fortschreitende Emanzipation, durch die alle Berufenen durch eigene Anstrengung den Rang der Auserwählten erreichen können...« ([81] Bd. 1, S. 250 ff.)

Damit stellte er sich bewußt in Gegensatz zur geheimniskrämerischen Verstiegenheit des herkömmlichen Okkultismus, der die Weitergabe esoterischen Wissens in exklusiven Vereinigungen, Logen und Mysterienschulen bevorzugte. Denen, die heute das neue Zeitalter anbrechen sehen, sprach er damit jedoch bereits im Jahre 1860 aus dem Herzen.

Lévi bewies ein ausgezeichnetes Gespür dafür, auf welche Weise die Esoterik eine Breitenwirkung erzielen könnte wie schon seit Jahrhunderten nicht mehr. Auch er suchte das Heil in der Überlieferung aus mythischer Vorzeit. Doch er nahm Abstand von der pauschalen Verurteilung des Glaubens an den Fortschritt der Kultur. In seinen Augen hatte der Prozeß der Zivilisation für den modernen Menschen nicht nur eine Schwächung der intuitiven Erkenntniskraft mit sich gebracht, wie Court de Gébelin beklagt hatte. Dieser Prozeß hatte ihm auch ethische und demokratische Prinzipien vermittelt, die der Geisteshaltung des Altertums und des Mittelalters fremd waren.

Einer Kultur der Innerlichkeit für das neue Zeitalter den Weg zu bereiten bedeutete also auch, dem Wunsch nach Psychohygiene nachzukommen. Demzufolge ist Lévis Magie eine ›saubere‹ Magie ohne den Höllenzwang des Dr. Faustus und ohne die Unappetitlichkeiten von Riten und Rezepten der *Grimoiren.*[24] Selbst Zeichen und Wunder geschahen nicht im Umkreis des Meisters, sondern nur in seinen Erzählungen von den großen Eingeweihten.

Lévis Standardwerk ›Geschichte der Magie‹ ([81]) wird seinem Titel, streng genommen, überhaupt nicht gerecht. Ein Geschichtswerk ist es sicher nicht, eher schon eine Sammlung von Geschichten, aber kaum über Magie. Der Leser wird in ein Panoptikum der Mysterienreligionen geführt. Darin finden sich erhabene Gestalten wie Zarathustra, Gautama, Pythagoras und Jesus von Nazareth in ungezwungener Nachbarschaft mit den Prominenten okkultistischer Subkultur des 19. Jahrhunderts.

Auch wer das *Dogma und Ritual der hohen Magie* noch so beflissen studiert, wird danach kaum in der Lage sein, nur einen Schritt in die Niederungen ernsthafter Zauberei zu tun. Sorgfältig wacht der Verfasser darüber, daß der Blick des Lesers durch Baphomet und Luzifer, Strygen und Lemuren, Bann und Beschwörung zwar festgehalten, aber vom eigentlichen Perspektivraum der Religion der Zukunft nicht fortgelockt wird. Dieser liegt für Lévi nämlich nicht in den Phänomenen der Magie, sondern in der Erneuerung der erlösenden Wissenschaft.

Sein Bestreben war es, das Beste der historischen Religionen herauszuschälen uns daraus die ›universelle Wissen-

[24] Mittelalterliche Zauberbücher für das einfache Volk.

schaft‹ zu rekonstruieren, die gleichzeitig die ›einzige Religion‹ ist. Auch ein Éliphas Lévi bewegte sich also auf dem Boden, den Court de Gébelin und andere bereitet hatten.

Mit dem Vorhaben, der esoterischen Weltanschauung in breiten Kreisen zur Durchsetzung zu verhelfen, manövrierte Lévi sich allerdings verschärft in eine Zwickmühle, der sich alle Vermittler der höchsten Wahrheit konfrontiert sehen. Gershom Sholem hat das zugrundeliegende Problem einfach und zutreffend beschrieben: »(Es) ist stets irgend etwas da, was der Mystiker nicht zureichend und erschöpfend mitteilen kann.« ([121] S. 60)

Lévi beanspruchte das Recht und die Fähigkeit, alles für alle zu offenbaren und weiß doch um die Unmöglichkeit, seine spirituelle Erfahrung zu vermitteln: »Wissend geworden, werden wir wagen und schweigen.« ([80] Bd. 1, S. 163)

Dieser Satz klingt ein wenig sonderbar aus der Feder eines Vielschreibers, der nicht davon ablassen konnte, sich als Lotse der Traumreise durch das Reich der Substantive zu empfehlen , die mit Trans-, Meta-, Para-, Extra-, Ultra-, Supra- beginnen. Die Eigentümlichkeit und die Energie seiner Vision erzwangen jedoch einen Ausweg aus dieser Zwickmühle. Dieser Ausweg hatte einen Namen: Tarot.

Die Welt sollte doch endlich begreifen, daß das »wunderbare Buch des Tarot ... das ursprüngliche Buch, der Schlüssel aller Prophetie und Dogmen, kurz: das inspirierende Buch aller inspirierten Bücher ist.« ([78] Bd. 1, S. 248; vgl. dazu [80] Bd. 1, S. 172)

Hier geht es um Einsicht, die gelehrter Worte nicht bedarf, ja, ihrer spottet. Tarot ist für Lévi die ideale Veranschaulichung der höheren Wahrheit. Diese Bilder sind, wie heilige Ikonen, ein Widerschein der himmlischen Welt und teilen sich dem mit, der sich von ihrer Wahrheit anstrahlen läßt. Ihre Symbolsprache liefert keine fertigen Erklärungen. Sie lösen Rätsel und geben neue auf, denn ihr Sinn muß von jedermann aufs neue erfaßt werden. So wird Tarot zum Weg der Einweihung, auf dem das Geheimnis von Gott, Mensch und Welt ohne jedes intellektuelle Hilfsmittel wortwörtlich er-schaut wird.

So ganz neu war das alles aber nicht. Die Kunde vom Konzentrat des Urwissens der Menschheit in Form eines Kartenspiels hatte man schon einmal vernommen. Doch was war im Bewußtsein der Menschen davon haften geblieben? Tarot, das war zum Synonym für unverfrorene Geschaftlhuberei mit dem Schicksalsglauben geworden.

Éliphas Lévi hingegen wollte das Buch Thot wieder als eine »philophische und religiöse Offenbarung« ([80] Bd. 2, S. 271) auf den Schild heben. Er war klug genug, nicht einfach dieselben Geschichten wie Court de Gébelin und Étteilla aufzutischen.

Wie für Court de Gébelin waren die magischen Karten auch für ihn ein mystisches Geheimnis, das der Gegenwart die Stimme der Vergangenheit hörbar macht. Doch Lévi ging es um mehr als das. Tarot hatte bei ihm nicht nur eine objektiv-theoretische Seite, die mit entsprechenden Kenntnissen der antiken und mittelalterlichen Symbolsysteme herausgestellt werden kann. Diese Bilder, selbst die Systematik des Kartensatzes können für ihren Benutzer darüberhinaus eine subjektiv-praktische Bedeutung gewinnen, die nichts mehr mit Wahrsagerei zu tun hat.

Éliphas Lévi war der erste, der Tarot als Instrument auffaßte, das in den Händen des spirituellen Suchers ein wirkliches Erlebnis der transzendenten Wahrheit erweckt. In diesem Sinne sind die Karten tatsächlich nicht nur ein Resümee der inspirierten Werke der Alten. Sie sind die Werkzeuge der Inspiration selbst!

»Das aber ahnte weder Court de Gébelin mit all seiner Wissenschaftlichkeit noch Alliette bzw. Étteilla in seinen seltsamen Intuitionen.« ([78] Bd. 1, S. 284 f.; vgl. dazu [80] Bd. 1, S. 172)

Damit lieferte Éliphas sein Meisterstück als erster Weiser des Wassermann-Zeitalters ab. Eine spirituelle Disziplin war geboren, in der man sich nun mit unermüdlichem Ernst übt. Seither gilt Tarot als Möglichkeit, sich in seelische Schichten zu vertiefen, die unsere dem Intellekt ergebene Epoche zur Tabuzone erklärt hat, die Abgründe und Untiefen des Unterbewußtseins, die Welt der kosmischen Gleichnisse und mystischen Symbole.

Wenn sich um die magischen Karten auch ein Blütenstrauß exotischer Geheimnisse rankte, so fand Éliphas Lévi die schönsten Blumen doch im eigenen Garten. Sein Anliegen war die Reanimierung des Tarot mit dem Atem einer der großen esoterischen Traditionen des Abendlandes. Wem daran gelegen war, über der steigenden Vorliebe für Erlösungslehren aus fremden Kulturen die Schätze im eigenen Haus nicht in Vergessenheit geraten zu lassen, der pflichtete ihm bei. Gustav Meyrink schrieb 1922:

»Die um Éliphas Lévi aber sagten wie Rabbi Akiba: Alles ist schon dagewesen. Wir haben die Überlieferung; die Juden haben sie uns aufbewahrt in ihrer Geheimlehre Kabbala.« (In [70] S. 9)

Um den Stellenwert jüdischer Mystik in der Gedankenwelt Éliphas Lévis zu bestimmen, muß man sich klarmachen, daß die Kabbala in seinen Augen nicht einfach eine geheimwissenschaftliche Überlieferung neben anderen war. Sie war für ihn der Stamm, von dem die Zweige der verschiedenen esoterischen Traditionen ausgingen. In ihr schien die »symbolische Zusammenfassung der ursprünglichen Überlieferung« ([78] Bd. 1, S. 236; vgl. [80] Bd. 1, S. 164) beschlossen.

Das hieß für Lévi, sie legte Zeugnis ab von einer Zeit, da das menschliche Dasein noch nicht vom göttlichen Sein abgespalten war. Somit konnte sie natürlich nicht das geistige Eigentum des jüdischen Volkes sein, vielmehr waren die Juden nur die Bewahrer ihrer erhabenen Wahrheiten. Längst schon hatten sie selbst den Schlüssel zum Verständnis der Kabbala verloren. Éliphas Lévi aber hatte ihn wiedergefunden. Dieser Schlüssel hieß Tarot.

»Ohne ihn ist es unmöglich, in irgendeines der großen Mysterien der Kabbala einzudringen.« ([80] Bd. 2, S. 261)

Es ist sicherlich eine der erstaunlichsten Auswirkungen der Werke Lévis, daß Tarot und Kabbala uns heute in selbstverständlicher Symbiose gegenübertreten. Viele Esoteriker können sich das eine ohne das andere überhaupt nicht vorstellen. Es wird oft geflissentlich überhört, wenn Vertreter authentischer Kabbalistik sich gegen diese Tendenz verwahren. Gershom (Gerhard) Scholem jedenfalls, eine in aller Welt anerkannte Kapazität der historischen Kabbala, bescheinigte Lévi und seinen Nacheiferern Papus (vgl. Kap. 8) und Crowley (vgl. Kap. 9) »verschwindend geringes Wissen über die Kabbala, das sie nicht daran hindern konnte, von ihren eigenen Phantasien freizügig Gebrauch zu machen.« ([123] S. 203)

Doch wo Innen- und Außenwelt sich so innig umarmen wie in den Gefilden des Tarot, da können die kleinlichen Einwände der Tatsachenwissenschaft nicht im Vertrauen auf die Meister schwankend machen. Die Weisen des Wassermann-Zeitalters haben ihrer Klientel, weiß Gott, ganz andere Fragen zu beantworten als die nach der Herkunft ihrer Erleuchtung.

Noch Gustav Meyrink genügte es, Éliphas Lévis Autorität darin begründet zu sehen, daß »seine Einweihung von oben kam« (in [70] S. 13). Mit seinem Roman *Der Golem* (1915) bereitete er auch hierzulande der Überzeugung den Boden, daß Tarot das Kernstück kabbalistischer Mystik sei. Meyrink war allerdings von der Wunschvorstellung des Kontaktes mit höheren Intelligenzen selbst allzusehr eingenommen, um als Kronzeuge für die Quellen der Inspiration des Meisters Éliphas dienen zu können.

Wie gelangte Éliphas Lévi zu der Überzeugung, daß gerade die jüdische Überlieferung die Maxime jener erlösenden Wissenschaft bewahrt habe, nach der die französischen Esoteriker seit dem 18. Jahrhundert suchten, um dem modernen Menschen das Heil zu bringen?

Mit der Theorie medialer Jenseitskundgebung à la Meyrink konkurriert eine Erklärung, die sich auf die sprachwissenschaftlichen Fähigkeiten des ehemaligen Diakonus von Saint-Sulpice beruft. Sein Biograph verbürgt sich dafür, daß Constant bereits in jungen Jahren das Hebräische souverän beherrschte ([20] S. 8 f.). Nach seiner Wandlung vom Revolutionär zum Mystiker habe er sich auf das Studium historischer Kabbala-Texte geworfen. Erwähnt werden in diesem Zusammenhang allerdings nur die lateinisch schreibenden, nicht-jüdischen Autoren Agrippa von Nettesheim und Guillaume Postel (vgl. Kap. 2) sowie Knorr von Rosenroth (1631 oder 1636–1689).[25]

Es ist heute kein Geheimnis mehr, daß Constant nie über die Anfangsgründe des Hebräischen hinauskam und selbst das Lateinische nur unvollkommen beherrschte. Der hervorragende Kenner des literarischen Gesamtwerks Constant-Lévis, Alain Mercier, geht davon aus, daß selbst die Lehren Postels und Agrippas, die Lévi ständig im Munde führte, ihm nur aus zweiter Hand bekannt waren. ([87] S. 38 bzw. 29)

Eine seiner Quellen war sicherlich die 1843 erschienene Untersuchung *La Kabbale ou la philosophie religieuse des Hébreux* von Adolphe Franck (deutsche Übersetzung [40]). Dieses Werk war die erste systematische Darstellung der kabbalistischen Theosophie in einer lebenden europäischen Sprache. Es ist ein exemplarischer Fall affektloser akademischer Gelehrsamkeit, die sich in den Dienst historischer und philologischer Forschung, nicht aber geheimwissenschaftlicher Schwärmerei stellt.

Lévi könnte daraus Kenntnisse der Dogmatik jüdischer Mystik bezogen haben. Er wird dadurch jedoch keinesfalls zum Kabbalisten bekehrt worden sein. Der enthusiastische Schwung seiner Sprache, die leidenschaftliche Glut seines religiösen Empfindens muß das Ergebnis einer viel persönlicheren Erfahrung gewesen sein als ein noch so beflissenes Literaturstudium sie eröffnen kann. Es ist durchaus denkbar, daß mit dieser Ergriffenheit ein psychologischer Begleitumstand einherging, den spirituelle Sucher als initiatisches Erlebnis bezeichnen. Auch ohne der Versuchung zu erliegen, ›Erleuchtung von oben‹ zu unterstellen, läßt sich zumindest in Umrissen erkennen, wo ihm diese Erfahrung ermöglicht wurde. Der Weg des Okkultisten Éliphas Lévi zu den kabbalistischen Mysterien führte über einen Personenkreis, zu dem der Radikale Abbé Constant die allerbesten Beziehungen unterhalten hatte.

[25] Ein deutscher ›Hermetiker‹ und christlicher Kabbalist, der der gebildeten, nicht-jüdischen Öffentlichkeit authentisches Schrifttum der Kabbala in lateinischer Übersetzung zugänglich machte.

Eine Keimzelle der Revolution von 1848 war in Frankreich – wie auch in Deutschland – die polnische Emigration. Nach der niedergeschlagenen Erhebung der Polen gegen die preußisch-russisch-österreichische Fremdherrschaft im Jahre 1830 wurde vom Zaren die Rückkehr der geflohenen Revolutionäre verboten. Daraufhin gewährte Frankreich 12.000 dieser politischen Flüchtlinge Asyl.

Die Herzen der fortschrittlichen Kräfte Europas gehörten damals den Polen. Ihr Aufstand wurde zum Symbol des Kampfes gegen die rücksichtslose Machtpolitik aristokratischer Regime. Nicht etwa nur August von Platen beschimpfte in seinen Polenliedern den Zaren, auch der Abbé Constant veröffentlichte 1847 eine Kampfschrift, *Le Deuil de la Pologne* (Die Trauer Polens), in der die gemeinsamen Ziele der polnischen und französischen Demokraten beschworen wurden.

Die Polen mobilisierten nicht nur in der Politik die Emotionen. Es umgab sie auch der romantische Schimmer eines Volkes der Mystiker und Theosophen. Die mit esoterischen Geheimnissen vollgesogene Frömmigkeit der polnischen Kolonie auf der Pariser Seine-Insel St. Louis übte auf die französische Intelligenz großen Reiz aus.

Politische und religiöse Heilserwartung, christliche und jüdische Glaubensinhalte verschmolzen im Glauben dieser Menschen zu einer lebendigen Religiosität, die auch auf den Abbé Constant ihre Wirkung nicht verfehlte. Kabbalistisches Überlieferungsgut spielte dabei eine herausragende Rolle, wenngleich in einer besonderen Form, die für das polnische Judentum prägend war.

In einer Phase inneren Zerfalls des orthodoxen Judentums hatte sich die Kabbala in Osteuropa seit dem 17. Jahrhundert von einer Geheimlehre frommer jüdischer Asketen zur volkstümlichen Erweckungsbewegung gewandelt, die auch Teile der christlichen Bevölkerung erfaßte. In ihren Mittelpunkt traten charismatische Heilige, die sich als Messias feiern ließen und es weder mit der religiösen noch sonstiger Moral besonders ernst meinten.

Zur Symbolfigur dieses »Aufstands der religiösen Produktivität gegen unlebendig gewordene Werte« ([120] S. 370) wurde im 18. Jahrhundert Jakow Ben-Jehuda alias Jankiew Lejbowicz alias ›Baron‹ Jakob von Frank (1726–1791). Er proklamierte sich als Messias eines neuen Zeitalters christlich-jüdischer Ökumene und machte sich damit bei Rabbinern und katholischem Klerus gleichermaßen unbeliebt.

Um der Verurteilung als Ketzer zu entgehen, nahm er unter großer Publizität, mit dem fürstlichen Luxus eines orientalischen Potentaten auftretend, im Jahre 1759 zusammen mit 7.000 (!) seiner jüdischen Anhänger in Warschau den christlichen Glauben an. Die relgionspilitische Bedeutung dieses Ereignisses wird daran deutlich, daß August III., Kurfürst von Sachsen und König von Polen, als sein Taufpate fungierte.

Von seinen Anhängern ließ Frank sich jedoch weiter als menschgewordener Gott feiern. In den katholischen Ländern zur *Persona non grata* geworden, ließ er sich 1788 im protestantischen Offenbach nieder, das damals als Freistätte für religiös Verfolgte galt. Als ›Baron von Frank‹, auch ›Messias von Offenbach‹ genannt, residierte er, der eigentlich Sohn eines armen jüdischen Branntweinpächters war, inmitten eines operettenhaften Hofstaates im Isenburger Schloß, das bis zu seinem Tode Wallfahrtsort kabbalistischer Frömmigkeit war. Obwohl Frank samt Anhang nach außen hin katholisch war, sagte man ihm alle Arten okkulter Praktiken nach, vor allem sexualmagische Rituale.

Von den frankistischen Dissidenten, die sich weder in die religiöse Kultur des Christentums noch des Judentums einfügen ließen, führt eine direkte Verbindungslinie zur polnischen Emigration in Paris, also Kreisen, in denen der Abbé Constant jahrzehntelang verkehrte. Ihr führender Kopf war der romantische Nationaldichter der Polen, Adam Mickiewicz (1798–1855), dessen Sympathien für die Kabbala bekannt sind (vgl. [147] S. 159). Die mütterliche Linie seiner Familie hatte zur engeren Gefolgschaft Jakob Franks gehört. Mittelpunkt eines vom Dichter selbst inspirierten mystischen Zirkels in

Paris war – typisch frankistisch – eine Frau, die man die ›jüdische Prinzessin‹ nannte. ([147] S. 161)

Zur polnischen Gemeinde in der französischen Hauptstadt zählte auch Joseph-Marie Hoëne-Wronski (1776–1853), ein philosophierender Mathematiker und Astronom. Er entwickelte einen sozial-mystischen Prophetismus, der den Begriff des Messianismus als eine Verbindung von Philosophie und Religion definierte ([43] S. 397 f.) und übte nicht nur auf Constant, sondern auch auf Victor Hugo und Charles Baudelaire Einfluß aus.

Wer auch immer daran mitwirkte, daß der römisch-katholische Abtrünnige Abbé Constant zum Wahl-Hebräer Éliphas Lévi wurde – klar ist, daß er weder aus den hebräischen Schriften der klassischen Kabbala noch aus den Schriften Agrippas oder Postels die ihm eigentümliche, unorthodoxe Art mit der kabbalistischen Überlieferung umzugehen annahm.

Eher schon können seine Anschauungen als Widerhall von Vorstellungen der frankistischen Häretiker im Ostjudentum gelten: von der Propagierung christlich-jüdischer Ökumene im Zeichen der Erwartung eines neuen Messias, über die religiöse Erhebung des Weiblichen zum irdischen Träger göttlicher Kraft, bis hin zu einem Umgang mit der jüdischen Theosophie, der sich weniger der Treue zum Mosaismus als dem eigenen mystischen Traum verpflichtet fühlt.

Keine Kompromisse mit der heiligen Überlieferung ging dieser Pionier einer Religion der Zukunft ein, wenn es um das liebste Kind des französischen Okkultismus ging. Ohne seine gedankliche Begradigung kabbalistischer Gottes- und Welterkenntnis, wahrhaftig einem Stück herber, unwegsamer Natur in der Esoterik des Abendlandes, wäre das magische Kartenhaus Tarot auf diesem Grunde nicht zu errichten gewesen.

Die Juden selbst mögen über die Behauptung, Tarot sei der ›Schlüssel‹ zur Kabbala, den Kopf schütteln. Ihre Theologen mögen auch darauf verweisen, daß in der mystischen Überlieferung des Volkes Israel die Kabbala alles, Tarot aber nichts ist. Für die Praktiker des Tarot jedenfalls zählt nur eines: Entweder der Schlüssel paßt – oder er paßt nicht!

Daß Schlüssel und Schloß hier verwechselt werden, liegt auf der Hand. Natürlich benutzte Lévi nicht den Tarot, um die Esoterik der Kabbala zu erschließen. Vielmehr benutzte er die Kabbala, um den Tarot für die Esoterik zu erschließen.

Seine Auswahl kabbalistischer Zutaten für den Mythos Tarot erfolgte nach einem einfachen, aber wirksamen Rezept: Hereinnehmen, was paßt; fortlassen, was nicht paßt; zurichten, was passen könnte.

Als naheliegende Möglichkeit, um dem Tarot kabbalistisches Profil zu verleihen, erkannte Éliphas Lévi die Buchstabenmystik. Den Anhaltspunkt lieferte Court de Gébelin. Er hatte die 22 Trümpfe mit dem hebräischen Alphabet, das 22 Buchstaben umfaßt, in Verbindung gebracht. Lévi berief sich jetzt auf eine anerkannte Tradition, um diesen Einfall Court de Gébelins in sein Lehrgebäude einzufügen.

Für die antike und mittelalterliche Esoterik waren Buchstaben nicht einfach formale Gestaltungselemente der menschlichen Sprache. Sie waren Chiffren einer magischen Zahlenschrift. Insbesondere die hebräischen Buchstaben galten seit dem Mittelalter als besonders zauberkräftig. Bei Agrippa kann man lesen:

»Auch die hebräischen Buchstaben sind Zahlzeichen, aber weit vortrefflichere als irgend eine andere Sprache sie besitzt, da in den hebräischen Zahlen die größten Geheimnisse verborgen liegen.« ([4] Bd. 2, S. 102)

Die Buchstabenmystik war also im Grunde eine Variante der Arithmosophie, und damit bewegte man sich auf einem Gebiet, das schon seine Verwendbarkeit im Bereich des Tarot bewiesen hatte. Auch Étteilla hatte ja auf »Wahrheiten, die das Buch Thot auf mathematischem Wege erweist« ([36] S. VIII), gebaut. Allerdings hatte er dabei nicht die kabbalistische, sondern seine eigene Zahlentheorie im Auge gehabt.

Im Zuge der Verschmelzung von Tarot-Esoterik und Buchstabenmystik beseitigte Lévi eine Widersinnigkeit in der Vorgehensweise Court de Gébelins. Der hatte nämlich die hebräischen Buchstaben mit seinen Vorstellungen von einem ›Alphabet‹ der Hieroglyphen zusammengeworfen. Und da er obendrein – keiner weiß warum – davon ausging, »daß die Ägypter von oben nach unten zählten« ([23] S. 369), hatte er in seinem System die letzte Trumpfkarte – ›Die Welt‹ – zur ersten erklärt und alle Zuordnungen von hinten nach vorn vorgenommen.

Weit davon entfernt, diese Exzentrizität mitzumachen, ordnete Lévi die Buchstaben den Karten so zu, wie es jeder erwarten würde, nämlich von vorn nach hinten. In einem Falle stiftete er jedoch selbst Verwirrung. Er ordnete den ›Narren‹ nicht etwa am Anfang oder am Ende der Reihe der Trümpfe ein, sondern an vorletzter Position. Darin wiederum folgten ihm zwar weitgehend seine französischen Nacheiferer, nicht jedoch die später so einflußreiche englische Tarot-Schule.

Ob nun aufgrund mangelnder Übereinstimmung der verschiedenen Systeme oder einfach deswegen, weil die Buchstabenmystik doch eine ziemlich trockene Angelegenheit ist, jedenfalls wird heute nur noch wenig Wert auf diese Sinnebene des Mysteriums Tarot gelegt. Der Verzicht darauf ist aber auch bedauert worden. Für Ernst Kurtzahn, der das erste deutsche Tarot-Buch im Gefolge der französischen Schule schrieb, hatte die Angelegenheit überhaupt nichts Sprödes an sich. Ein Tarot ohne Zauberbuchstaben ist für ihn »einer schönen Blume ohne Duft oder einem bunten Vogel ohne Stimme« vergleichbar. ([69] S. 77)

Eine andere Seite des ›kabbalistischen‹ Tarot Éliphas Lévis wurde dagegen unverzichtbar für alle Erklärungssysteme, die etwas auf ihr esoterisches Niveau halten. Lévi behauptete, daß zwischen den Tarot-Karten und einem für die Kabbala zentralen kosmologisch-theosophischen Strukturmodell, Baum der Sefirot genannt, ein innerer Zusammenhang besteht. Allerdings verwendete er nur wenig Mühe darauf, aus dieser These systematische Folgerungen abzuleiten. Mit einigen grundsätzlichen Gedanken gab er jedoch den Anstoß zu einer sehr bedeutsamen Weiterentwicklung der Tarot-Esoterik, die rund dreißig Jahre später in England einsetzte. (vgl. Kap. 9)

Zur Domäne seiner französischen Schüler wurde die Tarot-Spekulation über den *Schemhamphoras(ch)*. Dieses

Wort bedeutet sinngemäß ›Der Name ist gut ausgesprochen‹ und war ursprünglich im Alten Testament die Bezeichnung für den heiligen und geheimgehaltenen Namen Gottes. Die Kabbalisten hatten vor seiner Nennung so große Ehrfurcht, daß sie ihn nicht auszusprechen wagten, sondern nur *Jod-He-Vau-He* buchstabierten. Diese vier hebräischen Buchstaben bilden das berühmte *Tetragrammaton* (der Name aus vier Buchstaben). Dagegen den vollständigen Namen auszusprechen, bedeutete für den Kabbalisten, sich die Kräfte Gottes anzumaßen.

In der deutschen Kabbala des 12./13. Jahrhunderts stoßen wir auf Bestrebungen, sich mit Hilfe dieses wunderkräftigen Wortes einen Menschheitstraum zu erfüllen: den künstlichen Menschen, den *Golem*, zu erschaffen. Ausgangspunkt eines solchen, fast unglaublich erscheinenden Vorhabens war die Überzeugung, daß den Buchstaben, insbesondere denen des geheimen Gottesnamens, magische Kräfte innewohnen. ([109] S. 8 ff.)

Nur zu gerne vereinnahmte Lévi solche Höhepunkte kabbalistischer Zauberkunst für seine Tarot-Konzeption, wenn sich die Gelegenheit bot. Im Falle des *Schemhamphoras* war die Eselsbrücke schnell gefunden. Er schreibt:

»Wir kommen nun zu den vier Zeichen, den Stäben, Schwertern, Kelchen und Kreisen oder Pantakeln, volkstümlich Silberlinge genannt. Diese Figuren sind Hieroglyphen des Tetragramms; der Stab ist der Phallus der Ägypter oder das Jod der Hebräer, der Kelch das Kteis oder das ursprüngliche He, das Schwert die Vereinigung dieser beiden oder der Lingam, bei den Hebräern vor der Gefangenschaft durch das Vau dargestellt, und der Kreis oder das Pantakel, das Abbild der Welt, ist das End-He des göttlichen Namens.« ([80] Bd. 1, S. 170)

Abgesehen von der unvergleichlichen Souveränität, mit der hier im Handumdrehen die Ökumene des Tarot auch noch um die indische Komponente bereichert wird, ist noch eines erwähnenswert: Jahrzehnte bevor die westliche Hemisphäre mit tantristischen Texten konfrontiert wurde, benutzte Éliphas Lévi wie selbstverständlich den Begriff des *lingam* und betrachtete ein unschuldiges Kartenspiel aus den Augen der Sexualmagie.

Mit schöpferischer Phantasie und einem gehörigen Schuß Keckheit meisterte Éliphas Lévi die selbstgestellte Aufgabe, ›Beweise‹ für die Verwurzelung des Tarot in der esoterischen Kultur des Mittelalters aufzuspüren. Dank seiner Funde sind kartologische Deuter und Denker auch heute noch in der Lage, ohne alle Peinlichkeit den Abgrund der Jahrhunderte in kühnem Gedankenflug zu überwinden. Zu einem der ergiebigsten Spekulationsobjekte ihrer unerschöpflichen Phantasie wurde dieses Diagramm:

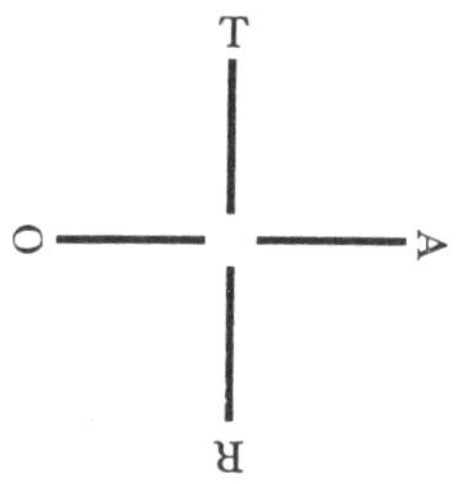

Abbildung 19. (Beschreibung im Text)

Lévi schrieb es dem französischen Kabbalisten Guillaume Postel (1510–81; vgl. Kap. 2) zu. Aus der kreisförmigen Anordnung der Buchstaben schloß er, daß sie in verschiedener Weise zu einem Wort zusammengefügt werden können. Aufgrund der damit für möglich erklärten Lesart TARO wiederum folgerte er, Postel sei in die Lehren des Tarot eingeweiht gewesen.

Das war der Ausgangspunkt einer erstaunlich zähen Deutungsarbeit durch Generationen von Tarot-Interpreten. Sie dauert selbst heute noch an. Dabei hatte bereits 1896 A. E. Waite – gewiß kein Skeptiker hinsichtlich der geheimwissenschaftlichen Substanz des Tarot – Lévi in beißenden Worten der Mogelei bezichtigt. ([79] S. 382 f.)

Waite wußte, daß Postels Schriften nie und nimmer etwas mit Tarot zu tun haben konnten. Er wies darüberhinaus nach, daß das Vorbild dieses Diagramms aus einem Nachdruck seines Werkes *Absconditorum a constitutione mundi clavis* (Der Schlüssel zu den Dingen, die seit der Erschaffung der Welt im Verborgenen liegen; erstmals erschienen 1546) aus dem Jahre 1646 stammte. Es ist dem Anhang dieses Nachdrucks entnommen, der klar als Zusatz des Herausgebers gekennzeichnet ist. Das Diagramm ist also gar nicht von Postel entworfen worden.

So, wie Lévi es wiedergibt, ist es zudem aus dem Zusammenhang einer komplexen Grafik gerissen, durch die dem Leser die Lehren Postels in bildhaft-symbokischer Form erläutert werden sollten. Aus dem Kontext ergibt sich unmißverständlich, daß die einzig richtige Lesart »ROTA« ist. (Vgl. [108] S. 10 f.)

Auf wenig zimperliche Art und Weise vereinnahmte Éliphas Lévi so manchen großen Namen mittelalterlicher Esoterik für sein Pantheon der Tarot-Altmeister. Wo immer die Zahl 22 entdeckt werden kann, dreimal sieben Wesenheiten eine Rolle spielen oder sich ein motivhafter Anhaltspunkt noch so geringfügiger Art zu ergeben scheint, da wird behauptet, der betreffende Autor habe den Schlüssel des Tarot benutzt, ohne sein Geheimnis preisgeben zu wollen.

Angesichts der minimalen Kenntnisse seiner Leser über die esoterische Tradition ihres eigenen Kulturkreises ist es alles andere als erstaunlich, daß diese Falschmeldungen Lévis immer noch geglaubt werden.

Schon zu Lebzeiten eine Legende unter in- und ausländischen Anhängern, ein Monolith der Religion der Zukunft, verspürte der große Éliphas das Bedürfnis, gegenüber der Karten-Prophetie auf Distanz zu gehen. Sie war ihm gerade gut genug, einmal den guten Katholiken hervorzukehren:

»Das Befragen der Karten und des Tarot ist eine wahre Beschwörung, die nicht ohne Gefahr und Frevel vor sich geht.« ([81] Bd. 2, S. 165)

Abfällig äußerte er sich nicht nur über Étteilla, sondern auch über die anerkannteste Expertin der Kartomantie: »Die berühmte Lenormand ... war eine dicke, sehr häßliche Frau, schwulstig in ihren Reden und verworren in ihrem Stil.« ([81] S. 164)

Nicht ohne Respekt allerdings war er vor ihren fachlichen Fähigkeiten: »Aber mit größtem Erfolg legte sie Karten.« (ebd.)

Handelte es sich um kleine Lichter in dieser Kunst, die er selbt spirituell veredeln wollte, dann fiel sein Urteil eher milde aus. Zu seiner Zeit erlangte ein gewisser Edmont, der im Milieu der Pariser Halbwelt Kartenlegerei praktizierte, den Ruf eines »Lieblingszauberers der Damen des Quartier Notre-Dame-de-Lorette« ([81] Bd. 2, S. 213). Die Beschwerlichkeiten eines solchen Gewerbes wurden von Éliphas mit Anteilnahme registriert:

»Ein trauriges und ermüdendes Handwerk, mit wieviel kranken Köpfen und ungesunden Herzen steht er fortwährend in Beziehung! Und dann die dummen Wünsche der einen, der anderen ungerechte Vorwürfe, die peinlichen Vertraulichkeiten, die Bitten um Zaubertränke und Beschwörungen, die Zudringlichkeiten der Wahnsinnigen. All das läßt ihn sein Geld schon verdienen!« (ebd.)

An Empfehlung, wie die Schlüssel des Buches Thot denn praktisch einzusetzen seien, dürfen wir von ihm nur spärliche Hinweise erwarten:

»Die Kunst, die Hieroglyphen des Tarot zu lesen, besteht darin, daß man sie entweder in Vierecke oder Dreiekke anordnet, wobei man die geraden Zahlen gegeneinander legt und sie mit den Ungeraden in Übereinstimmung bringt. Vier Zeichen drücken immer das Absolute in irgend einer Ordnung aus und werden durch ein fünftes erklärt. So ist die Lösung aller magischen Fragen jene des Pentagramms, und alle Widersprüche werden durch die harmonische Einheit erklärt.« ([80] Bd. 2, S. 272)

Wie es scheint, ist über diesen Teil der Lehren des größten Okkultisten des 19. Jahrhunderts schnell hinweggegangen worden. Oft bedauert wurde dagegen, daß er nie seine Ankündigung wahr machte, einen Tarot nach seinen eigenen Vorstellungen zu entwerfen. Er wäre durchaus in der Lage gewesen, auch die künstlerische Seite dieser Aufgabe selbst zu übernehmen. Einen Vorgeschmack auf das stillgelegte Projekt gab eine Zeichnung aus eigener Feder:

Abbildung 20. Der Wagen, die siebente Trumpfkarte des Tarot, nach Éliphas Lévi. Kennzeichnend ist für seine Vorstellungen der synkretistische Symbolismus mit jüdischen, ägyptischen und indischen Elementen, die in die Vorlage aus dem Tarot de Marseille eingearbeitet sind. Zur Ordnungszahl der Karte tritt der hebräische Buchstabe Zain als ihre magische Chiffre. Statt zweier Pferde ziehen zwei Sphinxen den Wagen. Das Wappen an der Front des Gefährts mit den Buchstaben V. T. wurde durch die aus dem Shivaismus bekannte Darstellung der Vereinigung von *lingam* und *yoni* ersetzt; aus [80].

Lévis Schaffenskraft ließ in seinem letzten Lebensjahrzehnt spürbar nach. Er führte ein zurückgezogenes Leben, von Altersgebrechen geplagt, angewiesen auf die Pflege und Unterstützung seiner Verehrerinnen und Verehrer. Am 31. Mai 1875 starb er, wie man hört, mit seiner Kirche durch Empfang der Sterbesakramente versöhnt.

Abbildung 21. Éliphas Lévi ein Jahr vor seinem Tod, porträtiert als *meqqubalim* (kabbalistischer Heiliger) von Ch. Revel; aus [20].

Die Mär vom verstoßenen Volk als Hüter des Geheimnisses

Im Zeichen der Wiederkehr von Mythos und Magie haben die modernen Märchenerzähler, die sich im Stilkleid der Wissenschaft gefallen, Konjunktur. Eine wunderbare Spielweise ist für sie die Welt des Tarot, wo gegen die Umdeklarierung von Geschichten in Geschichte niemals Einspruch erhoben wird.

Eines ihrer Märchen, zu schön für die Wirklichkeit, ist das vom verstoßenen Volk als Hüter der großen Geheimnisse. Wie geschaffen für die Hauptrolle darin scheint eine Nation von dunkler Herkunft und wunderbaren Gaben. Die ihr angehören, nennen sich von jeher die *Rom* oder *Roma*, das heißt ›Menschen‹.

Auch diese Geschichte wurde das erstemal von Court de Gébelin erzählt. Die »Kunst der Karten-Divination«, so schreibt er, beruhe auf »Prinzipien, die auch die ersten Stämme der Ägypter *(égyptiens)* beherrschten. Irrigerweise die Böhmen *(bohémiens)* genannt, schwärmten sie über Europa aus.« ([23] S. 366)

Am Anfang sollte also eine Richtigstellung stehen. Allerdings wurden dadurch bestehenden Unklarheiten nur neue hinzugefügt. In Frankreich sprach man von den Roma lange Zeit entweder als ›Ägypter‹ oder ‹Böhmen‹. Gemeint waren damit dieselben Leute, die man in Italien *zingari*, in Deutschland Zigeuner und in England *gypsies* nannte.

Die Vielheit der Namen entsprach der Verwirrung, die lange Zeit über die Herkunft dieses Volkes herrschte. Als Court de Gébelin seine Landsleute darüber aufklären wollte, daß es aus Ägypten stammte, irrte er damit selbst. In Wahrheit ist Indien seine Heimat. Doch das wußten die Roma nach jahrhundertelanger Wanderschaft selbst nicht mehr, als sie Mitteleuropa ihre Aufwartung machten.

Schon damals, Anfang des 15. Jahrhunderts, betrachtete die ansässige Bevölkerung sie als ungebetene Gäste. Sie zogen aus Südosteuropa heran, die ersten vermutlich schon um 1400 ([7] S. 33). Im Jahre 1417 dann durfte eine beträchtliche Anzahl mit einem Paß König Sigismunds von Böhmen nach Deutschland einreisen. Als sie zwei Jahre später Frankreich erreichten, hielt man sie deshalb dort für Böhmen. Im Jahre 1427 gab sich einer ihrer Stämme in Paris als niederägyptische Christen aus, die von den Mohammedanern vertrieben worden seien. Deshalb wiederum setzte sich die Überzeugung fest, die sogenannten ›Böhmen‹ seien eigentlich ›Ägypter‹, von daher bürgerte sich auch in England die Bezeichnung *gypsy* ein.

Court de Gébelin hatte nur einen einzigen Grund für die Behauptung, dieses fahrende Volk hätte Europa mit dem Tarot vertraut gemacht: die Überzeugung, sowohl die Roma als auch die magischen Karten stammten aus Ägypten, seinem Traumland der wahren Religion. Aber dafür, daß die Roma bereits bei ihrer Einwanderung Kartenlegerei betrieben, konnte er nicht einen einzigen Beleg vorbringen.

Zur Gewißheit wurde diese einfache Behauptung unter modernen Märchenerzählern einzig und allein aufgrund der unbegrenzten Vertrauenswürdigkeit des Entdeckers des Buches Thot: »Court de Gébelin hätte schließlich seine Meinung kaum geäußert, wenn es auch vom Standpunkt seiner Zeit aus nicht seit Menschengedenken so gewesen wäre, kein Mensch je anders von den magischen Karten vernommen hätte, als im Zusammenhang mit den Künsten der Fahrenden.« ([50] S. 22)

Von den Verkündigern des ›Tarot der Zigeuner‹ wird Geschichte eben nicht erforscht. Sie wird, ganz im Sinne des großen Ideengebers Court de Gébelin, konsequent erschaut. Mit wohlgesetzten Worten verlegt man das Ursprungsgebiet der magischen Karten ins »ewige Laboratorium der Religionen und Völker um die Göttergebirge des Himalaya.« ([50] S. 19)

Damit paßt man die eigene Meinung nicht nur scheinbar Ergebnissen der Zigeunerforschung an. Man profitiert obendrein von den Visionen der geistigen Großväter des New Age.

Doch im Gegensatz zu den französischen Okkultisten des 18. und 19. Jahrhunderts kann für diese gewagte Hypothese kaum noch Originalität in Anspruch genommen werden. Stanislas de Guaïta (1861–1897), ein Pariser Okkultist, schrieb 1891 vom Tarot als einer »immerwährenden Tradition bestimmter nomadisierender Zigeunerstämme, die aus dem Himalaya-Hochland stammten und seit urdenklichen Zeiten die Divinationskunst vom Vater auf den Sohn übertrugen.« ([54] Bd. 1, S. 378)

So ganz einig sind sich die illuminierten Tarot-Wissenschaftler aber heute nicht mehr in der Beurteilung der Frage, ob die einwandernden Roma tatsächlich Tarock-Karten mit sich führten. Während Golowin und Leuenberger noch immer wie selbstverständlich davon ausgehen ([50] S. 20; [77] S. 175), haben Kaplan und Douglas gemerkt, daß dann mit der Chronologie etwas nicht stimmen kann. ([65] S. 22; [31] S. 16)

Nur wer die geschichtlichen Tatsachen ignoriert, kann die Behauptung ernst nehmen, die Roma hätten bei ihrer Einwanderung Tarock-Karten dabei gehabt. Denn träfe sie zu, gäbe es mindestens zwei gute Gründe, von den letzteren nicht erst um die Mitte des 15. Jahrhunderts aus Italien, sondern schon Jahrzehnte zuvor aus Deutschland zu hören:

Erstens das ausgeprägte Interesse der Bevölkerung an jedem neuen Kartenspiel, und zweitens das Interesse der Obrigkeit an seiner Beschlagnahmung.

Um bei der Wahrheit zu bleiben, wurde man im Volke der Roma auf die Tarot-Divination erst aufmerksam, als der ›Tarot der Zigeuner‹ längst schon zum Allgemeinwissen der Esoteriker gehörte.

Der zähe Glaube an die Mär vom Tarot der Zigeuner ist nicht zuletzt dadurch gefördert worden, daß den Roma von jeher unheimliche Kräfte und übernatürliche Fähigkeiten nachgesagt werden. Die Wahrsagerei war jedoch bei ihnen nie die Domäne der Männer, sondern stets der Frauen. Schon die Chronik von Bologna bezeugt das für 1422, allerdings ohne anzugeben, welcher Technik sie sich bedienten.

Der Jurist und Politiker Étienne Pasquier (1529–1651) zitiert in seinem landeskundlichen Werk *Recherches de la*

France, veröffentlicht zwischen 1560 und 1611, das Tagebuch eines Zeitgenossen des 15. Jahrhunderts, der 1427 die Ankunft der Zigeuner in Paris erlebte. Danach waren unter ihnen »Zauberinnen, die sich die Hände der Menschen anschauten und ihnen ihre Vergangenheit, Gegenwart und Zukunft weissagten.« (Zit. nach [32] S. 145)

Diese Aussage deckt sich mit den Angaben in Quellen der folgenden Jahrhunderte. Stets war die bevorzugte Methode der weissagenden *Romani tschai* (Tochter der Roma) die Chiromantie.

1526 veröffentlichte Agrippa von Nettesheim seine Lehrrede *über die Eitelkeit allen Wissens* und bezichtigte darin die Zigeunerinnen des chriromantischen Betrugs.[26]

Derselbe Vorwurf lag einem Gesetz zugrunde, das 1530 unter Heinrich VIII. in England erlassen wurde und dort die ersten Zigeuner-Pogrome einleitete. Im Jahre 1622 wurde an der Universität Leipzig eine Dissertation angenommen, die großen Haß gegen die nicht los zu werdenden Fremden erkennen ließ. Wieder wurde gegen die Chiromantie gewettert.[27]

Auch im ersten Standardwerk der Zigeunerkunde, dem *Historischen Versuch über die Zigeuner* von Moritz Grellman, erschienen 1783, wurde den Lebensgewohnheiten dieses unbeugsamen Volkes mit Vorurteilen begegnet, aber dennoch den Fähigkeiten der *Romani tschai* Respekt gezollt:

»Es ist aber doch sonderbar, daß gerade Weiber von so verworfener Art, so scharfe Augen haben, daß sie in der Hand eines jeden die dunklen Geheimniße seiner Zukunft zu sehen im Stande sind. Bisweilen gibt es zwar auch Männer, die den Ruf haben, solche Geheimnißseher zu seyn, deren aber sind so wenige, daß sie blos unter die Ausnahmen gehören.« ([53] S. 95 ff.)

Jenem Autor waren noch andere ihrer Zauberkünste bekannt: »Dem chiromantischen Betrug der Zigeunerinnen

[26] Der Bezug auf die Chiromantie ist eindeutig, obwohl dies aus der deutschen Übersetzung von Mauthner ([3] Bd. 1., S. 292) nicht hervorgeht. Vgl. [2] im Kapitel *De mendicitate*.

[27] Ch. Thomasius: *Dissertatio de Cingaris*.

füge ich bey, daß sie auch, jedoch nicht ganz mit Ausschließung ihrer Männer, bezaubertes Vieh von ihrem Uebel befreyen, verborgene Diebstähle entdecken, und Arzneymittel bezitzen wollen, denen sie Wunderkraft und sichere Wirkung zuschreiben.« ([53] S. 97)

Als dieses Buch geschrieben wurde, zählte die Kartomantie bereits zum festen Bestandteil des Repertoires volkstümlicher Wahrsagerei. Dennoch hatte der Zigeuner-Kenner Grellmann nichts darüber zu berichten, daß die *Romani tschai* die Zukunft aus Spielkarten ergründet hätte.

Doch diese Frauen besaßen ein ausgeprägtes Gespür für die Bedürfnisse ihres Publikums. Und sie waren ohne weiteres in der Lage, ihre Kunst dem sich wandelnden Geschmack anzupassen. Es mag ihnen um so leichter gefallen sein, als daß sie dabei nicht etwa ein Stück des Brauchtums ihres eigenen Volkes aufgeben mußten. Eine *Romani tschai* weissagt nämlich stets nur dem *Gadscho*, dem Fremden, nie aber einem *Roma* ([14] S. 118; [7] S. 176). Doch um ihre Kunden zufriedenzustellen, stieg so manche dieser Sibyllen vom Handlinienlesen aufs Kartenlegen um.

Abbildung 22. Die Zigeunerin. Kupferstich (um 1850). Deutsches Spielkartenmuseum; Ausschnitt; aus [60].

Das muß um das Jahr 1800 gewesen sein, wird jedoch erst 1806 belegbar, und zwar durch ein Kartenspiel mit der Bezeichnung *Gipsey's Last Legacy*, das im Besitz des Britischen Museums, London, ist ([60] S. 21). Es handelt sich dabei wohlgemerkt nicht um Tarot-Karten. Um die Mitte des 19. Jahrhunderts ist die Karten legende Zigeunerin dann keine Seltenheit mehr.

Diese Frauen waren eben umsichtig genug, die Chance zu erkennen, ihrer Sippe ein Stück Existenzgrundlage in feindlicher Umwelt zu sichern. Wer wollte es ihnen verdenken, daß sie kräftig daran mitgearbeitet haben, die Mär vom verstoßenen Volk als Hüter des Geheimnisses unter die Leute zu bringen?

So nahm denn der Tarot seine »verschlungenen Wege im Zusammenhang mit den Zigeunern« ([77] S. 175). Soviel ist wahr. Doch diese Wege führten nicht aus ägyptischer oder indischer Urheimat ins Abendland, sondern aus den Köpfen französischer Okkultisten an die Lagerfeuer der *Roma*.

Im Bereich der praktischen Kartenlegerei war das freilich völlig unerheblich. Für die Spurensicherer der Geschichte des Buches Thot jedoch begannen die Probleme im Zusammenhang mit den Zigeunern spätestens, als sich deren ägyptische Herkunft als Irrtum entpuppte. Wer wie Court de Gébelin der Meinung war, daß der Tarot aus Ägypten stamme, konnte jetzt nicht mehr behaupten, er sei von den Zigeunern nach Europa gebracht worden.

1854 wurde diese These jedoch auf verblüffende Weise wieder aktuell. In diesem Jahr erschien das bereits erwähnte Werk von Boiteau d'Ambly, welches den neuesten Stand der Forschung über die Geschichte der Spielkarten darstellte ([15]). Darüber wußte Boiteau auch unvergleichlich mehr als Court de Gébelin. Aber ihn faszinierten offensichtlich dessen Phantasien über den Ursprung des Tarot, einschließlich der Behauptung, er sei von den Zigeunern nach Europa gebracht worden. Nur wußte Boiteau, daß die Zigeuner nicht aus Ägypten, sondern aus Indien stammten. Mit einem pfiffigen Einfall umschiffte er die Klippen der Widersprüche:

»Es waren die Zigeuner *(bohémiens)*, das heißt indische Auswanderer, die den Tarot nach Europa brachten, weil sie (auf ihrem Wege) durch Ägypten zogen.« ([15] S. 34)

Damit war der Weg erneut frei, um die Zigeuner nicht nur mit der Kartenlegerei, sondern auch wieder mit dem Mythos Tarot in Verbindung zu bringen.

Boiteaus Buch regte den richtigen Mann dazu an, den Faden weiter zu spinnen. Im Jahre 1857 veröffentlichte Jean Alexandre Vaillant (1804–86) seine *Wahre Geschichte der wahren Roma.*[28]

Vaillant hatte einen beträchtlichen Teil seines Lebens in der Walachei, im heutigen Rumänien, verbracht, sich dort dem Freiheitskampf gegen Russen und Türken angeschlossen und dem Studium von Sprache und Brauchtum gewidmet. Für die walachischen Roma war er kein *Gadscho*, sondern ein *Romani rai*, ein Freund und Beschützer.

Als Völkerkundler leistete Vaillant Pionierarbeit. Sein romantisches Faible für die Roma ließ ihn aber auch an den Legenden mitspinnen, die sich um sie rankten. Mit der religiösen Überlieferung der Zigeuner hat seine Tarot-Mythologie denn auch nichts, aber auch gar nichts zu tun, obwohl er das felsenfest behauptete.

Für Vaillant war im Tarot eine Astralmythologie – eine allegorische Lehre vom Weltall und von der Erschaffung der Welt – verborgen, die er schon im Alten Testament entdeckt haben wollte. Tarot sei »eine Ableitung aus dem Sternenbuch des Henoch, der *Henochia*. Er ist dem astralen Rad Athors, der *As-taroth* ist, nachgebildet. Gleich dem indischen *ot-tara*, dem Polarbären oder *arc-tura* des Nordens stellt er die höchste Kraft *(tarie)* dar...« ([140] S. 412)

Angesichts der weit ausholenden Deutungsarbeit Vaillants kann es schon schwerfallen, nachzuvollziehen, in welchem Sagenkreis er gerade Anleihen macht. Beispielsweise interpretiert er das Stab-As als das Auge der Schlange, aber gleichzeitig auch als den Krummstab des Hirten und die Keule des Herkules. Im Kelch-As sieht er den »Himmelsbogen der

[28] So der Untertitel seines Werks *Les Romes* ([140]).

Wahrheit« ([140] S. 415) und das Prinzip irdischen Wissens. Das Schwert-As ist für ihn die Lanze des Mars, die Ursache des Krieges, des Unglücks und Siegs. Durch das Münz-As sei die Sonne, das »Einauge der Welt, Nahrung und Element des Lebens« (ebd.) versinnbildlicht.

Heutzutage lächelt man meist über Vaillants kartologische Exkursionen in die Sagen der Völker. Wenn man sich in der Welt des Tarot überhaupt noch an ihn erinnern will, dann höchstens, um mit seinem guten Namen als Pionier der Zigeunerkunde zu renommieren. Seine Verdienste auf dem steinigen Entwicklungsweg vom einfachen Kartenspiel zu gelebter Tarot-Philosophie enden jedoch beileibe nicht mit der Rolle als Zugpferd des ›Tarot der Zigeuner‹.

Indem Vaillant die Tarot-Bilder mit mythischen Gestalten aus der Gestirnwelt verknüpfte und die Anordnung der Karten als Chiffre astronomischer Gegebenheiten zu entschlüsseln verstand, bereitete er den Boden für das Wachstum eines ganz neuen Zweigs der Tarot-Esoterik: des ›astrologischen‹ Tarot. Hier steuerte er wenige, aber richtungweisende Gedanken bei.

Anzahl und Gruppierung der Karten haben für Vaillant eine innere Beziehung zur Struktur des Zodiaks (Tierkreis). Danach entsprechen die vier Spielfarben den vier Jahreszeiten und die 14 Karten jeder Spielfarbe den sieben Tagen und sieben Nächten einer Woche:

»Die neun Zahlenkarten und das As jeder Spielfarbe kommen einem Monatsdekanat gleich und die neun Zahlenkarten, mit den vier Assen malgenommen, den 36 Dekanaten des Jahreslaufs.« ([140] S. 414)

Mag all das auch etwas willkürlich erscheinen, so scheuten Vaillants Nachfolger doch keine Mühe, auf der Grundlage eben dieser Offenbarungen aus dem Tarot in der Theorie ein kosmologisches Modell und in der Praxis ein Instrument der Horoskopie zu machen.

Vaillant verstand es, seine eigenen Gedanken geschickt mit denen seiner Vorgänger zu harmonisieren. In Fragen des Ur-Tarot sowie der Benennung, Reihenfolge und Ausdeutung der Karten widersprach er niemandem, sondern schuf sich sein eigenes System aus Bausteinen, die er von Court de Gébelin, Étteilla und Lévi nahm. Bisweilen ähneln sich seine Gedankengänge und die seiner Anreger wie ein Ei dem anderen. Nur die Küken, die ausschlüpfen, tragen jeweils andere Namen.

1781 konnte man bei Court de Gébelin lesen, die Bilder des Tarot seien »ausgesprochen allegorisch. Und diese Allegorien stimmen so vollkommen mit der Gesellschaftslehre, Philosophie und Religion der alten Ägypter überein, daß man nicht umhin kann, sie als Schöpfung dieses Volkes der Weisen anzuerkennen.« ([23] S. 366)

1857 meinte Vaillant, diese Darstellungen seien »ausgesprochen allegorisch. Und diese Allegorien stimmen vollkommen mit der Gesellschaftslehre, Philosophie und Religion der Antike überein, daß man nicht umhin kann, sie als Synthese all dessen zu betrachten, was den Glauben der antiken Völker ausmacht.« ([140] S.412)

Tarot, das ist eben ein Thema zum Improvisieren – wie in der Musik: Der eine gibt die Melodie vor, und die anderen wiederholen sie in unendlicher Variation. So meldet man immer neue Entdeckungen und schreibt doch beständig voneinander ab.

Für eine *Romani tschai* war es ohne Belang, wenn gelehrte *Gadschos* mit Hilfe von Spielkarten der Zigeunerweisheit auf den Grund gehen wollten. Egal mit welchem Handwerkszeug – sie spielte ihre Rolle mit Stil und Überzeugungskraft. Sie öffnete die 78 Schlüssel des Tarot zum Kartenfächer und weissagte daraus in monotonem Singsang wie eine von ihrem Gotte besessene Pythia... Ob sie nun die Zukunft aus den Linien der Hand, den Karten oder auch dem Rauschen einer Meeresmuschel erkannte – dem *Gadscho* blieb nur beklommenes Staunen angesichts solcher Fähigkeiten.

Warum sollte er eigentlich nicht glauben, daß die magischen Karten die Weisheit der Zigeuner darstellen, das einzige, was ihnen seit dem Auszug aus ihrer verlorenen Heimat geblieben ist?

Die graue Eminenz in der Welt des Tarot

Viele fühlen sich berufen, das Buch Thot als Sakrament einer Religion des neuen Zeitalters zu empfehlen. Wenige jedoch sind auserwählt, sich damit einen Platz im Gedächtnis der Nachwelt zu sichern.

Einer, der es eigentlich verdient hätte, daß man sich an ihn erinnert, war Jean-Baptiste Pitois (1811–1877), der nur noch Spezialisten unter dem Namen Paul Christian bekannt ist. Eigentlich sollte er Priester werden. Als Novize eines Trappisten-Klosters kehrte er kurz vor der Priesterweihe dem geistlichen Leben jedoch den Rücken. Er engagierte sich im Vorfeld der 1848er Revolution in der politischen Linken, ohne daß ihn das hinderte, sich gleichzeitig in okkultistische Studien zu vertiefen.

So auffällig die biographischen Parallelen zu seinem berühmteren Geistesverwandten Constant-Lévi bis hierher auch sind, in einer Hinsicht unterschieden sich die Lebensumstände beider ganz erheblich. Im Gegensatz zu Lévi verstand Pitois-Christian es immer, bürgerlichen Karrieregrund unter den Füßen zu behalten.

Er entschied sich frühzeitig für eine Tätigkeit als Journalist, Herausgeber und Übersetzer. Zu seinen Veröffentlichungen zählen volkskundlich-historische Arbeiten über das Pariser Leben, eine Kirchengeschichte Frankreichs und christliche Erbauungsliteratur. Viel gelesen wurde seine Übersetzung von McPhersons *Ossian* aus dem Englischen. Als Journalist brachte er es zum Chefredakteur der Pariser Tageszeitung *Moniteur du Soir*.

Zugang zur Esoterik fand er durch seine Tätigkeit als Bibliograph der Bibliotheksbestände im Staatsbesitz, die 1790, während der Großen Revolution, in den Klöstern beschlagnahmt worden waren. Unter dem Pseudonym Paul Christian begann er neben seinen sonstigen Tätigkeiten eine Laufbahn als Experte der geheimen Traditionen.

Am Hof Napoleons III., wo schillernde Figuren wie das weltbekannte Medium D. D. Home und der Wegbereiter des ›abendländischen Tantrismus‹, der farbige Amerikaner Paschal Beverly Randolph, Furore machten ([43], [94]), galt er als Hausastrologe der Kaiserin Eugénie. Diesen Ruf erwarb er sich, weil er 1854 die Geburt eines Thronfolgers prophezeit haben soll, ein Ereignis, das 1856 auch eintrat. Um 1851/52 lernte er Éliphas Lévi kennen. Durch ihn wurde er mit der Idee vertraut gemacht, daß Tarot der Königsweg zur höchsten Wahrheit sei.

Christian ging daran, eine kartomantische Methode eigenen Zuschnitts zu entwickeln. Ihre Elemente entnahm er dem Hermetismus und der Lehre von den heiligen Zahlen, vor allem aber der Astrologie. Auf die Gemeinde der Tarot übte er damit beträchtlichen Einfluß aus. Doch das geschah auf eine seltsame hintergründige, fast unbemerkte Art und Weise. Typisch dafür ist sein Scherflein, das er zur Entwicklung einer Sprache für Tarot-Insider beitrug.

Was eine Gemeinschaft von Verschworenen einhellig denkt, wird um so wirkkräftiger durch eine gemeinsame Sprache. Sie existierte in der Welt des Tarot bisher nicht. Schon hinsichtlich einer würdigen Bezeichnung der irdischen Träger der Weisheit des Buches Thot war man in Verlegenheit. Niemandem, der in der Beschäftigung mit dem Tarot eine spirituelle Disziplin sah, konnte es behagen, auf den profanen Begriff der Karte oder gar Spielkarte zurückzugreifen.

Der gelehrte Court de Gébelin hatte deshalb von ›allegorischen Gemälden‹ gesprochen, der phantasievolle Étteilla von *lamen*, worunter man sich goldene Plättchen vorstellen sollte, auf die mystische Zeichen eingeritzt sind. So etwas mochte zu phantastischen Vorstellungen über den mythischen Ur-Tarot passen, nicht aber zu seiner aktuellen Ausführung als einfaches Druckerzeugnis. Auch Éliphas Lévis Gewohnheit, von den Karten als ›Schlüsseln‹ zu sprechen, wurde nicht von allen übernommen.

Paul Christian endlich brachte all diese bedeutungsschwangeren Gedankenverbindungen auf den Begriff: *Arcana.*[29] Dieses Wort wurde zur Kultformel derer, für die Tarot die Geheimnisse von Gott, Mensch und Welt umfaßt. Sie im Munde zu führen ist so selbstverständlich geworden, daß sich niemand mehr erinnern kann, wer sie ins Vokabultar der Tarot-Lehre aufnahm.

Christian war ein Meister der Mystifikation. In seinem Hauptwerk, *Histoire de la magie* (Paris 1870, englische Übersetzung [21]), bringt er das Kunststück fertig, auf vielen Seiten die Theorie und Praxis des Tarot abzuhandeln, ohne daß das Wort ›Karte‹ oder gar ›Spielkarte‹ überhaupt fällt. Selbst der Begriff ›Tarot‹ taucht nur ein einziges mal auf, und das ganz beiläufig, man möchte meinen, geradezu aus Versehen. ([21] S. 464)

Wenn es tatsächlich jemanden gäbe, der noch nichts von der Existenz eines Weisheitsbuches der Menschheit namens Tarot gehört hat, so würde er auch durch Christians Ausführungen über die Arcana der alten Ägypter nie und nimmer auf den Gedanken kommen, daß dabei eigentlich ein Kartenspiel gemeint war!:

»Die Wissenschaft des Willens, das Prinzip allen Wissens und die Quelle aller Macht ist in 22 Arcana oder symbolischen Hieroglyphen enthalten. Jede einzelne von ihnen verbirgt in jedem ihrer Attribute eine bestimmte Bedeutung. Als Ganzes bilden sie ein absolutes Dogma, das man durch seine Entsprechung mit den Buchstaben der heiligen Sprache und durch Zahlen, die mit diesen Buchstaben verbunden sind, im Gedächtnis behält.« ([21] S. 94)

Der neue Schlüsselbegriff war vorzüglich auf den Nimbus einer Einweihungswissenschaft abgestimmt. Um die Karten vollmundig als »psychotechnisches Hilfsmittel der meditativen Selbsterforschung bei der Einweihung in die altägyp-

[29] Arcana ist die Mehrzahl von Lateinisch *arcanum,* das Eingeschlossene. Lange bevor Christian das Wort in die Tarot-Esoterik einführte, stand es für geheimgehaltene Elemente traditoneller Mysterienkulte, wie z. B. der Alchemie.

Abbildung 23. Jean-Baptiste Pitois, genannt Paul Christian (1811–77); aus [20].

tischen Mysterien« ([106] S. 7) deklarieren zu können, mußte jedoch noch eine Menge Arbeit geleistet werden.

Paul Christian half, daß sie getan wurde. Denen, die dem Schauer des Unheimlichen-Hintergründigen zugetan sind, erzählte er eine spannende Geschichte. Und wer über die Sprache der archetypischen Weihebilder zu sich selbst finden will, dem vermittelte er die Anfangsgründe einer spirituellen Entwicklungspsychologie.

Einweihung in die Geheimnisse des Tarot wird bei Paul Christian zum packenden Ereignis, das in Form einer Kurzgeschichte in seine Darstellung einer Weltgeschichte der Magie einfließt. Natürlich spielt die Handlung in Ägypten, und natürlich findet sich eine berühmte Persönlichkeit, der die Erzählung in den Mund gelegt werden kann: der syrische Grieche Iamblichos (ca. 283 – ca. 330), ein neuplatonistischer Philosoph unter einem römischen Kaiser christlichen Bekenntnisses. Das Hauptwerk des Iamblichos, *De mysteriis* (Über die Mysterien) ging als eine der letzten bedeutenden Schriften antiker Mantik und Theurgie in die Philosiophiegeschichte ein. Schon Marsilio Ficino (vgl. Kap. 2) entdeckte es für die

Renaissance wieder, um die Logik des Aristotelismus mit den Waffen der Metaphysik des Neuplatonismus zu schlagen.

Das geistesgeschichtliche Szenario Christians hingegen könnte einem Hollywood-Film entnommen sein. Iamblichos sinkt zur repräsentativen Randfigur eines Okkult-Thrillers herab, vergleichbar nur mit Jesus von Nazareth als Nebenrolle in Ben Hur.

In einer unterirdischen Tempelstadt, im Halbdunkel einer phantastischen Geisterwelt, gehen die Priester der Göttin Isis, vom Leben gewöhnlicher Menschen abgeschlossen, den rituellen Verpflichtungen ihrer Religion nach. Einweihung stellt sich hier als schonungsloser Test der Nevenkraft dar. In unwirtlicher Angstlandschaft wird der Initiand mit Monstern, tödlichen Abgründen und nicht endenwollender Reizüberflutung traktiert. Mit der Erfindung der psychedelischen Sitzung wurde nur erneut bewiesen, daß Geschichte sich wiederholt. Denn schon in der sakralen Unterwelt von Memphis führten Bewußtseinstechnologen Regie, die den Horrortrip als Therapie verstanden:

»Der Anwärter weiß, von nun an ist er nicht mehr sein eigener Herr. Seine Aufgabe ist der hingebungsvolle Gehorsam, sonst wird er die Gefahren nicht überleben, mit denen seine Seelenkraft und Selbstbeherrschung auf die Probe gestellt werden. Er unterwirft sich – doch wie stark er auch sein mag, er hat noch Gefühle. Sein gesamtes Sein erzittert an der Schwelle des Unbekannten.« ([21] S. 90)

Schauplatz und Handlung dieser wüsten Geschichte entsprangen beileibe nicht allein dem Kopfe Christians. Immerhin war sie, wie zugegeben werden muß, das Produkt gekonnter journalistischer Arbeit. Im vierten Buch von Jean Terrassons *Sethos* ist nachzulesen, aus welcher Vorlage Christian seine Story formte – nicht ohne für eine Eskalierung der Spannung zu sorgen. Was seiner Version bleibenden Wert sicherte, war die Gestaltung des Finales.

Nachdem der Kanditat allen Irrungen und Wirrungen im Labyrinth der Hierophanten ohne seelischen Zusammenbruch getrotzt hat, wird er eine dunkle Treppe hinuntergeführt. Auf der zweiundzwanzigsten Stufe – wie könnte es anders sein – darf er einen Blick ins Heiligtum der Göttin Isis werfen. An seinen Wänden erkennt er 22 beeindruckende Fresken. Wie sich denken läßt, handelt es sich dabei um die himmlischen Urbilder der Arcana des Tarot. Damit sind seine Prüfungen beendet. Nun werden ihm, gleichsam als Lohn der Angst, die tiefsten Geheimnisse des Buches Thot enthüllt.

Christians Wandbilder seines imäginaren Isis-Tempels von Memphis haben tiefe Spuren in der Welt des Tarot hinterlassen. Sie wurden zur fixen Idee, mit der prominente Interpreten der magischen Karten – von Oswald Wirth, Woldemar von Uxkull und Joachim Winckelmann, über Stuart A. Kaplan und Elisabeth Haich, bis hin zu B. A. Mertz und H. D. Leuenberger – heimgesucht wurden.

Vermutlich waren bzw. sind sie allesamt davon überzeugt, ein Mysterium ägyptischer Einweihungswissenschaft am Leben zu erhalten. In ihren Darstellungen lebt jedoch nur eine romantische Vision weiter, die im 18. Jahrhundert die Gemüter gebildeter Franzosen bewegte. Inspiriert von Jean Terrassons *Sethos*, über Étteilla und Paul Christian fand sie ihren Weg in die Tarot-Literatur des 20. Jahrhunderts. Verständlicherweise hat nie jemand Interesse für diese Hintergründe gezeigt. Denn woraus schöpft der sakramentale Gebrauch des Tarot seine Legitimation, wenn nicht aus dem eigenen Mythos?

Berücksichtigt man die Hintergründe jedoch, so ist die Ähnlichkeit jener Fresken, die Christian so lebendig zu beschreiben verstand, mit dem Tarot de Marseille kein Zufall. Die Abweichungen zwischen diesem universalen Vorbild esoterischer Tarot-Karten und den Bildbeschreibungen Christians halten sich in der Tat in engen Grenzen.

Einige Änderungen wurden im Geiste der Gedankenwelt Court de Gébelins vorgenommen. Arcanum X wurde vom ›Glücksrad‹ zur ›Sphinx‹; der Vogel auf Arcanum XVII – bei Christian vom schlichten ›Stern‹ zum ›Stern der Magier‹ avanciert – wird zum Schmetterling als Symbol der Wiederauferstehung. (Vgl. [23] S. 374)

Andere Varianten beruhen auf eigenen Ideen Christians, wie etwa die Umbenennung des ›Gauklers‹ in ›Magus‹ – ebenfalls eine begriffliche Prägung, die Allgemeingültigkeit erlangen sollte. Nicht ›Der Narr‹, sondern ›Das Krokodil‹ (Arcanum 0) versinnbildlichte für ihn die Versklavung der Seele an die Materie. Dieses Motiv fand Eingang in manche Tarot-Schöpfung des 19. und 20. Jahrhunderts, z. B. von Oswald Wirth (1889), J. Augustus Knapp (1929) sowie Gareth Knight und Sander Littel (1963).

Wie Lévi legte auch Christian Wert darauf, den ›Narren‹ bzw. ›Das Krokodil‹ an die 20. Stelle in der Reihe der Trümpfe zu plazieren. Diese Maßnahme war Bestandteil seiner besonderen Betrachtungsweise der Karten. Dafür war die Reihenfolge der Trümpfe von allergrößter Bedeutung, denn jede Karte sollte einen Schritt in der Reifung der menschlichen Persönlichkeit darstellen.

Heute ist eine solche Betrachtungsweise selbstverständlich, wie ein Blick in gängige Tarot-Bücher beweist. Doch damals war es Pionierarbeit. Die Art und Weise, wie Christian sie leistete, ist ein verblüffendes Beispiel für die Nonchalance, mit der die französischen Okkultisten ihre Gedanken von abstrusen Schauergeschichten zu feinsinniger Interpretation der Bilder und Zeichen ihres Buches Thot erhoben.

Im Lichte des spirituellen Gehaltes der 22 Hauptkarten des Tarot stellt sich der Weg, der zur heiligen Ganzheit des Menschen führt, nach Paul Christian folgendermaßen dar:

Mit der Energie seines Willens (I), erleuchtet durch Erkenntnis (II), erreicht der Mensch durch Handeln (III) die Verwirklichung (IV) seines Potentials. Je nachdem ob er der Eingebung (V) des Guten oder des Bösen folgt, werden seine Prüfungen (VI) beschaffen sein. Nur wenn er den Sieg (VII) über sich selbst erringt, findet er seine Mitte (VIII). Dann ist er bereit, jene Arbeit zu tun, die Weisheit (IX) schenkt und über die Wandelbarkeit des Glücks (X) triumphieren läßt. Seine Kraft (XI) wächst durch die Opfer (XII), die er bringt, so daß selbst der Tod seinen Schrecken verliert und als seelische Transformation (XIII) erkannt werden kann. Nun hat er den

Fluß spiritueller Energien (XIV) angeregt, um sich innerlich aus den Fesseln des Schicksals (XV) zu befreien – gleichgültig ob es ihm als gewöhnlichem Menschen den Untergang (XVI), Hoffnung (XVII), Enttäuschung (XVIII) oder auch Glück (XIX) bringen wird. Die Erneuerung (XX) seines gesamten Seins eröffnet ihm neue Dimensionen des Wollens, Verstehens und Handens. Wenn er jetzt jedoch dem Dünkel der Vollkommenheit unterliegt, wird er nochmals zur Sühne (0) gezwungen. Bleibt er dagegen auf dem Weg der Wahrheit und Gerechtigkeit, wird er sein Ziel – die Erhebung zu Gott (XXI) – unfehlbar erreichen.

Im Zuge der Verschmelzung moderner humanistischer Therapien mit alten Einweihungswegen ist diese Lehre im Grunde immer noch von höchster Aktualität. Ohne daß man sich ihres Urhebers erinnern würde, ist sie längst zu zeitgemäßem Lesestoff verarbeitet, der in einer ganzen Reihe therapeutisch orientierter Tarot-Bücher dargeboten wird. Deren Autoren sehen ihre geistige Heimat natürlich nicht im Okkultismus des 19., sondern in der Psychologie des 20. Jahrhunderts. Doch was sich heute als Transpersonale Psychologie, Fachrichtung Tarot, begreift und auf C. G. Jung beruft, hat seine Wurzeln nicht zuletzt in der Geisteswelt eines Lévi und eines Christian

Damit enden Paul Christians Verdienste um die Lancierung des Buches Thot als Konzentrat erlösender Wissenschaft aber noch nicht. Er war zudem ein bedeutender Wegbereiter des astrologischen Tarot. Erst durch seine Arbeiten wurde es möglich, mit Hilfe des Tarot auch Horoskope zu stellen.

Vaillant hatte die Bilder der Trümpfe mit astralmythologischer Bedeutung angereichert und den in Zahlen erfaßbaren Aufbau des Tarot-Kartenblatts mit astronomischen Gegebenheiten in Beziehung gesetzt. Komplizierte Berechnungen der Himmelskörper aber waren nicht die Stärke der französischen Okkultisten des 19. Jahrhunderts. Das galt selbst für den Meister Éliphas, der gegen die Astrologie dieselbe Abneigung hegte wie sein erklärtes Vorbild Agrippa von Nettesheim – allerdings ohne dessen Beschlagenheit in der Sterndeutung zu besitzen.

Christian ging hier über seinen Lehrer hinaus. Er machte den Tarot zu einem Instrument der Horoskopie, wenn auch nicht in der Manier der klassischen Astrologie. Seine onomantische Astrologie ist dennoch nach bekanntem, wenn auch längst aus der Mode gekommenem, Muster gestrickt.

Als Pitois, der spätere Christian, die konfiszierten Bestände der französischen Klosterbibliotheken bearbeitete, muß er spärmittelalterliche Wahrsage-Literatur aus dem Bereich der lunaren Astrologie (Mond-Astrologie) kennengelernt haben. Im 15. Jahrhundert war die große Zeit dieses populären Ablegers der klassischen Astrologie. Schriften wie Hans Hartliebs Mondwahrsagebuch (ca. 1434) kamen einem weit verbreiteten Bedürfnis entgegen, nämlich die Bezahlung eines Berufsastrologen unnötig zu machen. Diese lunare Gebrauchs-Astrologie des Spätmittelalters wurde von Paul Christian wiederentdeckt.

Wie Hartlieb bietet er ein onomantisches Verfahren an, mit dem ohne Berechnung eines Geburtshoroskops aus dem Namen des Ratsuchenden astrologisch verwertbare Daten gewonnen werden können. In beiden Fällen geht man zur Bestimmung des Zahlenwertes der Buchstaben von der latinisierten Form des Namens aus ([21] S. 490; [117] S. 4 ff.). Die astrologische Berechnung erfolgt dann allerdings unterschiedlich, und zwar aus einem einleuchtenden Grund:

Von zentraler Bedeutung für die lunare Astrologie des Mittelalters war die Position des Mondes zum Zeitpunkt der Geburt. Innerhalb eines Mondmonats von 28 Tagen durchläuft der Mond ebensoviele Sterngruppen. Für jede dieser ›Mondstationen‹ war bestimmt, welche Eigenschaften und welches Schicksal dem Menschen zukommen, der zum Zeitpunkt ihres Monddurchganges geboren ist. Deshalb durfte das Endergebnis der zugrundegelegten onomantisch-numerologischen Berechnung nicht größer als 28 sein.

Christian machte dagegen eine Rechnung auf, die der Gedankenwelt der Pariser Okkultisten des 19. Jahrhunderts besser entsprach: Statt mit 28 Mondstationen umschrieb er das kreisförmige Schema des Horoskops mit 78 Tarot-Karten.

Um Tarot zu einem flexiblen Instrument der Horoskopie zu machen, griff er auf die astrologische Lehre von den Planetenregenten zurück. Danach wird jedes Jahr von einem bestimmten Planeten regiert, d. h. beeinflußt. Christian ordnete nun jedem Planetenregenten und damit jedem Kalenderjahr einen ›Schicksalskreis‹ zu.

Darunter verstand er eine bestimmte Verteilung der 78 Tarot-Karten auf die 365 Tage eines Jahres. Sie ergibt sich nach einem Schlüssel, der immer nur für jeweils einen Planetenregenten (ein Kalenderjahr) Gültigkeit hat. Er verfügte also – bei sieben Planeten in der herkömmlichen Astrologie – über sieben verschiedene Anwendungsschemata der 78 Karten des Tarot für die Horoskopie.

Dieses Modell war das erste Beispiel für eine Verknüpfung von Astrologie und Tarot zu einer neuartigen mantischen Methode. Sie erlangte in Frankreich im letzten Drittel des 19. Jahrhunderts große Beliebtheit (vgl. Kap. 8) und wirkte bis in die Anschauungen der englischen Tarot-Schule nach. (Vgl. Kap. 9)

In Deutschland dagegen ist bis heute nicht so recht bekannt geworden, wer die Tür zum astrologischen Tarot aufstieß. Deshalb darf hier auch jeder, der sich auf diesem Spezialgebiet auszeichnen möchte, Originalität und Format beanspruchen und sich zugute halten, »den logischen Zusammenhang zwischen den astrologischen und den Tarot-Symbolen« ([89] S. 13) gefunden zu haben.

Unsere Karten-Philosophen mögen sich durch die Gabe der heiligen Einfalt auszeichnen. Die Ideengeschichte ihres Heiligtums Tarot ist ihnen jedoch ebenso unbekannt wie die Namen derer, die sie schrieben. Für niemanden gilt das mehr als für Paul Christian, die graue Eminenz in der Welt des Tarot.

Aus schattenhaftem Dasein ins Rampenlicht

Mit Vehemenz brach es in den 80er und 90er Jahren des 19. Jahrhunderts über die Pariser herein. ›Es‹ rumorte nicht mehr aus dem kulturellen Untergrund, sondern artikulierte sich selbstbewußt als eine geistige Macht, die ernstgenommen werden wollte: der Okkultismus. Gewiß hatte diese exotische Blüte des Pariser Geisteslebens schon seit geraumer Zeit zum weltberühmten Lokalkolorit beigetragen. Nun aber erhob sie stolz den Kopf und trat aus ihrem schattenhaften Dasein ins Rampenlicht der Öffentlichkeit.

An Veranstaltungen teilzunehmen, auf denen Tische durch Geisterhand gerückt wurden, Gespenster mit Stuhlbeinen klopften und Verstorbene sich mittels eines Griffelstummels auf einer Schiefertafel mitteilten, galt nun nicht mehr als ehrenrührig, sondern als chic und modern. Auf der Weltausstellung 1889 errichtete Michel de Lézimiers ein alchemistisches Labor. 1890 brachte der Wortführer der Rechtsradikalen, Édouard Drumont, den General Boulanger in größte politische Bedrängnis mit der Behauptung, die Linien seiner Hand wiesen ihn als Hochverräter aus ([148] S. 215). Anläßlich eines Gerüchts, von dem noch zu sprechen sein wird, beschäftigte sich 1893 selbst die seriöse Presse ernsthaft mit der Frage, ob durch Zauberei gemordet werden könne.

Ganz abgesehen von Sensationsmeldungen dieser Art, es war einfach nicht mehr zu übersehen, daß sich die geheimen Mächte zur inspirierenden Macht für einen Großteil der intellektuellen Elite des Landes entwickelt hatten.

Man denke nur an Charles Baudelaire (1821–1867) mit seiner luziferischen Lust am Bösen und Verruchten, an die Schilderungen des Haschischrausches durch Théophile Gautier (1811–1872), die spiritistischen Anrufungen des Geistes von Shakespeare durch Victor Hugo (1802–1885), an Arthur Rimbauds (1854–1891) poetische Dialoge mit dem ›König der

Hölle‹, Villiers de l'Isle-Adams (1838–1889) Beschäftigung mit Freimaurerei und Theosophie und nicht zuletzt an J. K. Huysmans (1848–1907) Roman *Là-bas* (Tief unten), der nicht nur ein Hauptwerk des literarischen Impressionismus, sondern auch ein Manifest des modernen Satanismus darstellt.

Soziologischer Nährboden für die fließenden Übergänge zwischen künstlerischem und esoterischem Schaffen war das subkulturelle Milieu der berühmten Pariser Bohème, die zwischen 1880 und 1914 ihre Blütezeit erlebte. Bei allen ideologischen Differenzen ihrer verschiedenen Strömungen einte sie der Überdruß an einer Gesellschaft, die ihre Ideale an die positiven Wissenschaften, den industriellen Fortschritt und das persönliche Karrierestreben verraten hatte.

Ihr Aufbegehren richtete sich nicht gegen die soziale Ungerechtigkeit, sondern gegen die intellektuelle und emotionale Verflachung. Es war ein Aufbegehren von Anarchisten des Geistes, die mit den Tabus des ästhetischen und religiösen Empfindens brachen, um die Umkehrung der Werte dieser Gesellschaft zu erzwingen. Hier war die Saat Éliphas Lévis aufgegangen, der zum Aufbruch ins Irrationale geblasen hatte, um der Diktatur der Rationalität über die moderne Welt den Kampf anzusagen. Trotz politischer Anpassung war die motivierende Kraft dieser Bewegung der Protest – als lustvolle Demontage der Konstruktion der Wirklichkeit im Geiste des abendländischen Menschen.

Wem heute die Augen übergehen angesichts der bunten Vielfalt an Glaubensrichtungen und Philosophien, mit der die Esoterik-Welle über uns hinwegrollt, der sollte doch einmal einen Blick in die *Bel époque* der Geistesgeschichte unseres Nachbarlandes werfen.

Rosenkreuzer und Kabbalisten, Satanisten und Martinisten, Freimaurer und Neognostiker, alle Arten von Medien und Wahrsagern, Geistheiler und Magnetiseure, Alchemisten und Astrologen, selbst indische Erlösungslehren würzten den okkultistischen Cocktail, der seinerzeit in Paris kreiert wurde.

In diesem Kosmos der alternativen Bewußtseinsmächte strahlte ein Stern besonders hell: Tarot. Denn Tarot war der

Weg zu allen Überlieferungen, Heilslehren und Methoden der Selbstfindung. Es gab zwar keine klassische Schule der Karten-Esoterik; es gab nicht einmal ein Standardwerk, das über die verschiedenen Aspekte des Tarot umfassend informiert hätte. Doch jeder konnte, wenn er wollte, diesen ›Schlüssel‹ in die Hand nehmen und sehen, ob er ihm die Pforten der Wahrnehmung öffnen würde. Er mußte nur der Einladung Éliphas Lévis folgen und das Buch Thot so zu sich sprechen lassen, wie er es verstand.

So wurde Tarot zum Konglomerat unterschiedlichster Erkenntniswege und Kosmologien, in dem jeder wie in einem schillernden Kristall seine eigene Wahrheit erblicken konnte. Bereits Ende des 19. Jahrhunderts reichte die Reihe der Kulte und Traditionen, die mit dem Tarot verschmolzen worden waren, vom Tao der Chinesen bis zu den Wahrsagekünsten der Zigeunerinnen, von der hinduistischen Trimurti bis zu den Tempelrittern des Mittelalters.

Im Zeichen des neuen Denkens holt man heute vollends zum Rundumschlag aus: »In den babylonischen, ägyptischen, jüdischen, mexikanischen, indischen, chinesischen und noch älteren Kulturen hat man bei den Ausgrabungen Beweise gefunden,daß diesc Karten vorhanden waren.« ([55] S. 16)

So geriet die Suche nach dem Ursprung der magischen Karten unversehens zum Hase-und-Igel-Spiel im Dienste der höchsten Wahrheit: Wo man auch hinblickte auf dem weiten Feld überlieferter Erkenntnis- und Einweihungswege – der Tarot war immer schon da. Doch wie seinerzeit Meister Lampe auf dem Acker bei Buxtehude beweisen auch die Tarot-Weisen zwischen Atlantis und dem Lande Mu wenig Realitätssinn. Immer wieder meinen sie den Beweis für ihre vorgefaßte Meinung zu finden: »Der Tarot ist ein Werk der ältesten esoterischen Tradition, und er hat ebensowenig einen Ursprung wie die Welt.« ([13] S. 7)

Um diesen Ruf des Tarot zu festigen, traten in den 80er Jahren des vergangenen Jahrhunderts wiederum einige Autoren hervor. Da war zunächst Eugène Jacob, ein Astrologe, dessen Frau professionelle Kartenlegerei betrieb. Unter dem

Pseudonym Ély Star verfaßte er ein Buch mit dem Titel *Mystères de l'horoscope* (Geheimnisse des Horoskops). Es war im Grunde ein Aufguß von Paul Christians astrologischem Tarot, doch wurde es mehr gelesen als dessen Schriften.

Ély Star behauptete unverfroren, daß die Tarot-Horoskopie ein Stück uralter Tradition sei. Angetan hatte es ihm vor allem der Hermetismus. Darunter verstand er allerdings nicht die Überlieferungen des *Corpus Hermeticum*, die ihm wahrscheinlich vollkommen unbekannt waren, sondern einfach die Lehren Lévis und Christians.

Eine Neuheit, die Ély Star in die Tarot-Literatur einführte, war die begriffliche Unterscheidung von ›großen‹ und ›kleinen‹ Arcanca. Hatte Christian noch allein von den Trumpfkarten als Arcana gesprochen, so ging man seit dem Erscheinen von *Mystères de l'horoscope* allgemein dazu über, die Trümpfe als große Arcana und die Zahlenkarten und Hofkarten in den vier Spielfarben als kleine Arcana zu bezeichnen.

Doch die Tarot-Esoterik benötigte weniger neue Begriffe als neue Bilder. Denn dies war das Dilemma der Tarot-Hermetiker: Mit den historischen Tarot-Karten konnten und mit denen von Étteilla mochten sie nichts anfangen.

Es sollte nicht mehr lange dauern, bis hier endlich für Abhilfe gesorgt wurde. Die entscheidende Rolle spielte dabei ein Mann, der selbst in der skurrilen Welt des Pariser Okkultismus für einen noch extravaganteren Tick und eine noch kapriziösere Überspanntheit immer gut war.

Der Baron Stanislas de Guaïta wurde im Jahre 1861 als Sproß eines alten lombardischen Geschlechts auf Schloß Gisselfingen in Lothringen geboren. Nach einer standesgemäßen Erziehung an den Lyzeen von Dijon und Nancy nahm er in Paris das Studium der Rechte auf. Dort entwickelte sich der junge Grand Seigneur jedoch ganz anders, als seine Familie es eigentlich von ihm erwartete. Statt im Hörsaal seiner Fakultät fand man ihn meist im Künstlerviertel am Monmartre, wo er schnell Anschluß an Bohème-Kreise gewann.

Nachdem er sich einige Jahre mit mäßigem Erfolg als Poet versucht hatte, führte ihn Catulle Mendès, der Mitbegründer des Parnasse, auf einen anderen Weg. Er empfahl ihm, die Werke Éliphas Lévis zu lesen. Dieser Ratschlag führte zu einer folgenreichen geistigen Begegnung.

Von diesem Moment an, schreibt de Guaïta in einem Brief aus dem Jahre 1893, »widmete ich mich ganz und gar dem Okkultismus und begann alles zu lesen und zu untersuchen, was über die geheimen Wissenschaften geschrieben stand.« (Zit. nach [86] S. 165)

Vor allem zeigte der junge Mann Interesse für den Satanismus, ein Thema, das in jenen Jahren unter französischen Intellektuellen groß in Mode kam. Die Presse nannte ihn gerne den ›finsteren Baron‹, und seine Lebensgewohnheiten machten diesem Beinamen alle Ehre. Er schlief tagsüber und entfaltete seine Aktivitäten bei Nacht. Sein Domizil verließ er nur, um neue Lektüre für seine okkulten Studien aufzutreiben. Besucher pflegte er sinnigerweise im roten Ornat eines Kardinals zu empfangen. Auch die Wände seiner luxuriösen Wohnung waren ganz mit rotem Tuch ausgeschlagen.

Wie so vieles im Leben dieses seltsamen Mannes hatte auch das einen mystischen Hintergrund. Er war nämlich Gründer und Oberhaupt des ›Kabbalistischen Ordens zum Rosenkreuz‹, der prominente Esoteriker und Literaten zu seinen Mitgliedern zählte. Die Farbe Rot stand für das Kreuz der Rose, das den Mittelpunkt der Rosenkreuzer-Mystik bildet.

Als der Sektierer Boullan, damals als ›König der Exorzisten‹ berühmt-berüchtigt, 1893 unter etwas mysteriösen Umständen verstarb, wurde in den Zeitungen hitzig die Frage diskutiert, ob de Guaïta ihn durch schwarze Magie umgebracht haben könnte. Der Herr Baron ließ natürlich dementieren. Damit aber nicht genug. Wie es sich für einen Mann von Ehre gehörte, forderte er den Journalisten Jules Bois und den Schriftsteller Huysmans zum Kampf auf Leben und Tod. Aus einem Krieg der Magier wurde damit ein Duell mit Pistole und Degen.

Stanislas de Guaïta, der in rauschhaft-intuitiver Weise die innersten Geheimnisse des Lebens ergründen wollte, starb, wie er lebte – spektakulär, an seine Leidenschaften gekettet, ein wahrhaftiges *enfant terrible* der höheren Wissenschaften. Im Alter von 36 Jahren ereilte ihn der Tod durch eine Überdosis Kokain. Seine letzten Worte sollen gewesen sein: »Ich sterbe als Opfer meiner Arbeit.«

De Guaïtas literarischer Beitrag zum Thema Tarot ist Teil eines mehrbändigen Œuvre, *Le Serpent de la genèse* (Die Schlange der Schöpfung), das zu den bedeutensten, aber am wenigsten gelesenen Werken des französischen Okkultismus zählt. Es stellte das Ergebnis umfangreicher theoretischer und wohl auch praktischer Recherchen über den Satanismus dar und war auf drei Einzelbände angelegt.

Der erste Band, *Le Temple de Satan* (Der Tempel Satans) erschien 1891, der zweite, *La Clef de la magie noire* (Der Schlüssel zur schwarzen Magie), 1897. Der dritte Teil, *Le Problème du mal* (Das Problem des Bösen) blieb unvollendet. Das Manuskript de Guaïtas wurde von seinem Schüler Oswald Wirth vervollständigt, von dessen Schüler Marius Lepage ergänzt und 1949 erstmals in Druck gegeben.

Die eigentliche Thematik dieser Werke hatte zwar kaum etwas mit der Tarot-Esoterik zu tun, wie man sie seit Court de Gébelin verstand. Jedoch ist es eben kennzeichnend für diese Zeit, daß man jede Sparte von Mystik und Magie auf irgendeine Weise mit dem Buche Thot zu verknüpfen suchte.

De Guaïta wollte den Tarot nicht divinatorisch, sondern philosophisch auslegen. Man kann sagen, daß seine Ausführungen im Geiste Court des Gébelins, Lévis und Christians erfolgten, ohne deren Anschauungen jedoch sklavisch zu übernehmen. De Guaïtas eigenes Wissen über die Geheimtraditionen war umfangreich genug, um sich nach eigenem Geschmack mit reizvollen Ideenmotiven einzudecken, die in die Bilderwelt des Tarot hineingelesen werden konnten.

Im Jahre 1887 lernte de Guaïta den Schweizer Oswald Wirth (1860–1943) kennen, der damals noch als Berührungsheiler tätig war. Wirth war Freimaurer, jedoch bisher ohne esoterische Ambitionen, die über sein heilpraktisches Spezialgebiet hinausgingen. Die Begegnung mit de Guaïta veränderte sein Leben.

Der Baron erkannte die Verwendbarkeit Wirths und stellte ihn als Privatsekretär an. Von nun an arbeiteten sie gemeinsam an jenen Projekten, deren Verwirklichung de Guaïta sich zum Ziele gesetzt hatte. Dazu gehörte die Vollendung einer Arbeit, die der große Élipas sich zwar vorgenommen, aber niemals ausgeführt hatte, nämlich die Gestaltung von Karten, in denen die ganze Tiefe spiritueller Sinnhaltigkeit des Tarot niedergelegt war.

Oswald Wirth war nicht nur ein gelehriger Schüler seines Meisters, er war auch ein begabter Maler. Das Ergebnis von beider Zusammenarbeit wurde 1889 veröffentlicht. In limitierter Edition von 350 Exemplaren brachte Wirth neue Entwürfe der 22 Tarot-Trümpfe unter dem Namen *Les 22 Arcanes du Tarot kabbalistique* heraus. Damit wurde endlich die Lücke geschlossen, die zwischen den historischen Tarot-Karten und dem Tarot Étteillas klaffte.

Die ausdrückliche Funktion der 22 Arcana Wirths war es, neben dem Kartenspielen und der Wahrsagerei endlich auch der spirituellen Bedeutung des Tarot einen würdigen Ausdruck zu verschaffen. Jede seiner Karten trägt neben einer (arabischen) Ordnungszahl einen hebräischen Buchstaben. Wie Éliphas Lévi betrachteten de Guaïta und Wirth die Titel der Trümpfe des Tarot de Marseille als unantastbar. Letzterer stand auch den Bildern des neuen Tarot Pate. Seine künstlerische Gestaltung ist jedoch erkennbar auf gefällige Darstellung im Sinne des Zeitgeschmacks (Historismus) angelegt.

Darüberhinaus wurden gewisse Veränderungen bzw. Ergänzungen der einzelnen Motive vorgenommen, um den esoterischen Charakter der Komposition zu unterstreichen:

Auf dem Wundertisch des ›Gauklers‹ finden sich nun erstmals nicht mehr beliebige Paraphernalia seiner Kunst, sondern die Requisiten Stab, Becher, Schwert und Münze. Die Form seines Hutes ist so umgezeichnet, daß man darin unschwer eine Lemniskate[30] erkennen kann. Das Buch in der Hand der ›Päpstin‹ zeigt das chinesische Yin-Yang-Symbol. Der ›Wagen‹ ist nach dem Vorbild des Entwurfs Éliphas Lévis

30 ∞, Zeichen für Unendlichkeit

(vgl. Abb. 20) gestaltet. Zu Füßen des ›Einsiedlers‹ ringelt sich eine Schlange, das Lieblingssymbol de Guaïtas. Auf dem ›Glücksrad‹ thront nunmehr eine Sphinx, und die Kreaturen, die aufs Rad gespannt sind, sind zu mythologischen Wesen geworden. Der ›Teufel‹ ist wiederum der berühmten Darstellung Lévis aus dem *Dogma und Ritual der Hohen Magie* nachempfunden.

Diese Beispiele mögen genügen, um die Absichten der Schöpfer dieser Karten zu verdeutlichen. Ihre Ikonographie wurde zum Maßstab für Dutzende esoterischer Tarot-Spiele, die seither auf den Markt geworfen worden sind.

1927 veröffentlichte Oswald Wirth ein eigenes Tarot-Buch mit dem etwas irreführenden Titel *Le Tarot des imagiers du moyen age* (Der Tarot der Bildkünstler des Mittelalters). Es enthält eine glänzend redigierte Zusammenfassung des französischen Tarot-Okkultismus. Die Klarheit seiner Sprache, die Vollständigkeit des Überblicks über alle Aspekte der Materie und der Verzicht des Autoren darauf, sich selbst mit in Szene zu setzen, geben seinem Werk einen fast enzyklopädischen Wert. Freimütig bekennt Wirth, daß die Gestaltung seiner eigenen Tarot-Karten ganz und gar auf den Instruktionen de Guaïtas beruhe.

Mit diesen Karten hat sich der ›finstere Baron‹ selbst ein Denkmal setzen lassen, das seinem Image ganz und gar nicht zu entsprechen scheint. Denn das lichtvolle, fast heitere Erscheinungsbild dieser kleinen Kunstwerke ist bemerkenswert. Doch im pittoresken Milieu des Pariser Okkultismus war es eben eine Frage des Stils, mit Überraschungen aufzuwarten.

Keiner unter all den spirituellen Meistern, wunderlichen Heiligen und Eingeweihten, die diese Szene beherrschten, verstand mehr von publikumswirksamer Präsentation als ein gewisser Dr. Encausse, besser bekannt als Papus. Magier und Naturwissenschaftler in einer Person, galt er als zeitgemäße Verkörperung des faustischen Erkenntnisstrebens, das rastlos nach Klarheit und Erlösung drängt. Wenn sich sein Werk auch nicht als der große Wurf erwies, der Weisheit und Wissenschaft überzeugend miteinander versöhnte, gelang es ihm je-

Abbildung 24. Gerard Encausse, genannt Papus (1865–1916); aus [41].

doch zweifellos, mit gelehrter Theorie in der intellektuellen Elite für den Okkultismus Punkte zu sammeln.

Papus setzte jener Mysterienschule, die der Esoterik des 19. und des 20. Jahrhunderts ihren Stempel aufdrückte, ein letztes Glanzlicht auf. Mit dem Tode dieses Mannes war auch dem Pariser Okkultismus das Lebenslicht so gut wie ausgeblasen. Doch bevor es soweit war, zelebrierte man noch einmal Hohe Schule, die im Elfenbeinturm der Mystiker ebenso zu Hause war wie in den Salons der Oberen Zehntausend.

Gérard Analect Vincent Encausse wurde am 13. Juli 1865 in Corogna, Spanien, als Sohn eines Franzosen und einer Spanierin geboren. 1869 zog die Familie nach Paris. Der junge Gérard besuchte das Collège Rollin, eine der Eliteschulen des Landes. Nichts reizte ihn mehr als eine Ausbildung zum Naturwissenschaftler.

Mit siebzehn Jahren nahm er das Studium der Medizin auf. Als Neunzehnjähriger veröffentlichte er seine erste wissenschaftliche Abhandlung, die ihn als glühenden Anhänger des Darwinismus verriet. Doch der Evolutionismus, so fand er bald, sei eine Lehre, »die das Herz vertrocknet und nur die Hochachtung für die im Kampf ums Dasein Starken predigt...« ([97] S. 110)

Auch als man ihn zum Chef des Laboratoriums des Dr. Luys berief, der mit Charcot um die Erforschung der Hirn- und Rückenmarksleiden wetteiferte, wurde das noch nicht der tieferen Absicht seines Erkenntnisstrebens gerecht.

Encausse hat seinen Werdegang vom Naturwissenschaftler zum Okkultisten selbst in einer Art geistigen Autobiographie beschrieben (in [97]). Es war der Entwicklungsweg eines Menschen, der sich zur Esoterik hingezogen fühlt, weil er den positiven Wissenschaften einen Mangel an existenzieller Wahrnehmungsschärfe und an kreatürlichem Einfühlungsvermögen, kurz, die Abgestumpftheit gegenüber dem Wunder des Lebens vorwirft.

Dennoch konnte und wollte Encausse seine intellektuelle Schulung nicht verleugnen. Auch im Numinosen suchte er die Rationalität. Noch als Student, im Jahre 1887, veröffentlichte er ein Werk von mehr als tausend Seiten, *Traité élémentaire de science occulte* (Grundlagen des wissenschaftlichen Okkultismus), das mit der Forderung nach einem wissenschaftlich abgesicherten Okkultismus ernst machen wollte. Unter dem Pseudonym Papus folgten bis zu seinem Tod im Jahre 1916 zahlreiche andere Titel, die ihm den Ruf eines der bedeutendsten Esoteriker seiner Zeit eintrugen.

Doch das war nicht alles. Der begabte Redner und fähige Organisator mischte in zahlreichen nationalen und internationalen Zirkeln und Vereinigungen mit. Eine bedeutende Rolle spielte er als Mitbegründer und langjähriges Oberhaupt des Martinistenordens, einer mystisch-theosophischen Gruppierung, die heute noch besteht.

Die Martinisten um Papus beriefen sich auf die Lehren Martinez de Pasquallys (1727–1774) und Louis-Claude de Saint-Martins (1743–1803). Ihrem Selbstverständnis entsprach es, neben esoterischen auch exoterische (weltliche) Ziele zu verfolgten. Denn Saint-Martin hatte seinen Gefolgsleuten politische Aktivität verordnet, da der Mensch sich nur spirituell erneuern könne, wenn die gesellschaftlichen Verhältnisse es zuließen. Er hegte die politische Vision einer Theokratie, einer Gottesherrschaft, ausgeübt durch eine spirituelle Elite.

Auch Papus träumte davon, seinem Wirken politisch zum Durchbruch zu verhelfen. Seine Stunde schlug, wie er hoffen durfte, im Jahre 1901 in Rußland.

Nicht erst das Auftreten Rasputins verlieh der Atmosphäre am Hof des letzten Zaren den Hauch magischer Kabale. 1896 hatten Nikolaus III. und seine Gattin Alexandra anläßlich eines Staatsbesuches in Paris ihr Faible für französische Geistheiler und Zauberer entdeckt. Als Papus 1901 St. Petersburg besuchte, wurde er vom Herrscherpaar in Privataudienz empfangen. Kurz darauf übernahm er die Organisierung seiner blaublütigen russischen Anhänger in einer Martinistenloge. Man munkelte am Hof, ihr Oberhaupt sei der Zar persönlich.

Auch Alexandras Gunst wußte Papus zu gewinnen. Die Zarin hegte den Wunsch, einem männlichen Thronerben das Leben zu schenken und war geneigt, sich zu seiner schleunigen Erfüllung in die Hände eines kompetenten Wundermannes zu begeben. Papus wußte zu helfen, indem er Kontakt zum führenden Geistheiler seines Heimatlandes herstellte. Dieser Mann, genannt Maître Philippe, hatte zunächst in Lyon gewirkt, war dann von Papus entdeckt und zu einer nationalen Berühmtheit gemacht worden. 1902 holte man ihn nach St. Petersburg. Seiner alsbaldigen Prophezeiung der Geburt eines Thronfolgers folgte eine Scheinschwangerschaft der Zarin auf dem Fuße.

Der Zar sah sich aufgrund zunehmenden politischen Drucks – aber gegen seine Überzeugung – genötigt, den Heiler schließlich wieder ziehen zu lassen, allerdings nicht ohne ihn vorher noch mit einem Luxus-Automobil für seine Dienste zu entschädigen.

Das Debakel mit dem Maître Philippe änderte aber nichts an der kaiserlichen Wertschätzung für Papus. Bis Rasputin für eindeutige Verhältnisse in der Frage der spirituellen Führung von Zar und Zarin sorgte, durften die Martinisten hoffen, ihre Vision von der Errichtung eines Gottesstaates würde sich in Rußland erfüllen. Wie bedeutend ihr Einfluß im Machtspiel um den schwachen Zaren tatsächlich war, läßt sich heute jedoch kaum noch ausmachen.

Soviel ist jedoch klar: Papus' politisches Wirken nur so darzustellen, als hätte er sich stets bis zur Selbstaufgabe für altruistische Ziele eingesetzt, »für die Völkerverständigung gekämpft und bereits zu einem vereinigten Europa aufgerufen« ([98] S. XIV) erscheint etwas schönfärberisch. Durch die Arbeiten von Christopher McIntosh ([86]) und James Webb ([148]) ist klar geworden, daß Papus nicht die hehre Lichtgestalt war, als die ihn manche heute sehen möchten.

Der letzte große Okkultist Frankreichs steht im nebulösen Grenzgebiet zwischen esoterischen und politischen Geheimorganisationen, deren Anteil an krisenhaften Entwicklungen auf der politischen Weltbühne zwischen 1900 und 1914 noch auf gründliche Erforschung wartet.

Mit seinem Beitrag zur Fortentwicklung der Tarot-Esoterik wollte Papus auf neuen Wegen zum Kern der Sache vordringen. Seit Court de Gébelin hatte stets die Interpretation der Bilder auf den Trumpfkarten im Mittelpunkt gestanden. Die Beschaffenheit dieser »allegorischen Bilder, die die Ganzheit des Lebens betreffen« ([23] S. 379), war der Dreh- und Angelpunkt einer weitverzweigten Deutungsarbeit, die die Motive des Tarot als Spiegel der menschlichen Seele betrachtete. »Durch Bilder zu den Bedeutungsinhalten« ([10] S. 15) ist auch heute eine Faustregel unter Tarot-Praktikern.

Papus setzte ganz andere Akzente. Der okkultistische Positivismus des Dr. Encausse erklärte Tarot zum Strukturmodell geheimwissenschaftlicher Erkenntnistheorie. Dieses Auslegungssystem will nicht dadurch überzeugen, »daß es uns die Erklärung der Symbole gibt, sondern uns vielmehr dazu bringt, sie eines nach dem anderen aus fixen und allgemeingültigen Prinzipien abzuleiten.« ([98] S. 75)

Die Praktiker hat Papus mit diesem Ansatz nie so recht überzeugen können. Dennoch setzte sein *Tarot der Zigeuner* (*Le Tarot des bohémiens*, Paris 1889) Maßstäbe, die bis in die letzten Schaumspritzer der gegenwärtigen Tarotflut spürbar sind. Der formale Aufbau dieses Werks wurde zum ideal-typischen Muster, nach dem unzählige andere Titel des Genres gestrickt wurden.

Fast jedes Tarot-Buch ist seither wie folgt gegliedert: Im ersten Teil werden die vermeintlichen historischen Hintergründe der magischen Karten erklärt, im zweiten die großen und kleinen Arcana des Buches Thot gedeutet und im dritten schließlich ihre Anwendungen empfohlen, sei es im Rahmen der Wahrsagerei oder der psychologischen Selbstanalyse.

Das Ansehen, in dem Papus' Werk steht, kontrastiert auffällig mit dem geringen Bekanntheitsgrad seines Inhalts. Wieder einmal bewahrheitet sich der Hemingwaysche Ausspruch: »Ein klassisches Buch ist ein Buch, das die Leute loben, aber nie lesen.« Die Art und Weise, mit der Papus an sein Thema herangeht, ist wohl nicht ganz unschuldig daran.

Sein Programm ist die Erklärung der 78 Karten des Tarot als Gefüge eines gegliederten Ganzen, in dem jeder Teil eine bestimmte Funktion erfüllt, die wiederum nur vom Gesamtaufbau her verständlich wird. Dabei zieht er alle Register seines Könnens. Gematria und Geometrie, Tetragrammaton und Pentagramm, pythagoreisierende Zahlenmystik und kabbalistischer Buchstabenzauber, Theogonie, Androgonie und Kosmogonie der großen und kleinen Arcana – im Geiste des dreiundzwanzigjährigen Autoren explodiert ein okkultistisches Feuerwerk und erhellt auf rund dreihundert Seiten höchst verzwickten Lesestoffs die raum-zeitlosen Dimensionen der Tarot-Metaphysik.

Die entscheidende Anregung auch für den Aufbau dieses Lehrgebäudes gab einmal mehr Éliphas Lévi. Er hatte behauptet, daß die vier Spielfarben des Tarot dem Symbolismus der vier Buchstaben des kabbalistischen Gottesnamens (Tetragrammaton) entsprechen, und zwar so, daß jede Spielfarbe für einen Buchstaben steht.

Papus erklärte das Tetragrammaton nunmehr zum »Gesamtschlüssel des Systems« ([98] S. 38). Damit hatte er sich darauf festgelegt, das gesamte Kartenblatt auf sinnvolle Weise in Vierer-Kartengruppen zu zerlegen. Jede dieser Gruppen sollte ein Segment der Tarot-Struktur darstellen, das mit dem mystischen Inhalt des Gottesnamens gesättigt ist. Dessen vier Buchstaben entsprechen – nach Papus – vier Basis-Prinzipien, deren Wirken die Einheit jeder beliebigen Stufe des Seins herstellt. Es repräsentiert

Iod	das aktiv-männliche Prinzip
He(1)	das passiv-weibliche Prinzip
Vau	das neutrale Prinzip der Vermittlung
He(2)	den Übergang von einer Stufe des Seins in die nächste (z. B. von der metaphysischen Welt in die physische oder umgekehrt).

Die Bestimmung des grundlegenden Bedeutungsinhalts einer Karte erfolgt entsprechend ihrer Einordnung in dieses Schema. Seine Anwendung auf die Hofkarten bereitet keine Schwierigkeiten: Die Könige stehen für Iod, die Königinnen für He(1), die Ritter für Vau und die Buben für He(2).

Schwieriger ist da schon seine Übertragung auf die Zehner-Reihen der Zahlenkarten, denn zehn läßt sich nicht ohne Rest durch vier dividieren. Das Problem wird mit den Mitteln der Arithmosophie gelöst. Im Rückgriff auf das Prinzip der Analogie, d. h. der Gleichsetzung äußerlich unterschiedlicher, aber wesensgleicher Einheiten, behauptet Papus die Identität der vier Buchstaben des Tetragrammaton und der Zahlenreihe 1-2-3-4:

»Die Reihe der Zahlen 1-2-3-4, die das Aktive, das Passive, das Neutrale und ein neues Aktives darstellen, entspricht in allen Punkten der Reihe, gebildet aus den vier Buchstaben des heiligen Namens, den man (also) wie folgt schreiben kann: Iod – He – Vau – 2. He = Iod usw.« ([98] S. 20)
Damit will er sagen:

1. Die Zahl 4 ist zunächst gleichzusetzen mit He (2).

2. Gleichzeitig ist die 4 auf der nächsthöheren Seins-Ebene gleichzusetzen mit dem aktiven Prinzip, d. h. Iod bzw. 1.

3. Damit wird auch der Charakter von He (2) präzisiert. Es stellt nicht einfach nur ein Übergangsglied von einer Seins-Stufe in die nächste dar, sondern – durch seine Identität mit Iod bzw. 1 – gleichzeitig den Anfang der nächsten Seins-Stufe.

Diese Operationen mögen als umständlicher Versuch erscheinen, Logik ins eigene System zu bringen. Aus der Sicht seiner Zahlenmystik bringt Papus jedoch einen besonderen Grund vor, nämlich den ›theosophischen Wert‹ der Zahl 4. Darunter versteht er offenbar den innersten Kern ihres mystischen Gehalts.

Den theosophischen Wert einer Zahl, so erfahren wir, bestimme man durch ›theosophische Addition‹ und ›theosophische Reduktion‹. Ersteres bedeutet, daß man »alle Ziffern von der Eins bis zu dieser Zahl einschließlich addiert« ([98] S. 16). Letztere hingegen »besteht darin, alle aus mehr als einer Ziffer bestehenden Zahlen auf eine Zahl aus einer Ziffer zurückzuführen, indem die Ziffern, aus denen sich die Zahl zusammensetzt, addiert werden, bis nur eine Ziffer übrigbleibt« ([98] S. 15). Der theosophische Wert der Zahl 4, die für sein Tarot-System entscheidend ist, errechnet sich also folgendermaßen:

$1 + 2 + 3 + 4 = 10$ (theosophische Addition)
$1 + 0 = 1$ (theosophische Reduktion)
Also ist der theosophische Wert von $4 = 1$.
Auch für die Zahl 7 ergibt sich dasselbe Ergebnis:
$1 + 2 + 3 + 4 + 5 + 6 + 7 = 28$
$2 + 8 = 10$
$1 + 0 = 1$

Damit ist der Boden bereitet, in der Zahlenfolge von eins bis zehn drei Vierer-Segmente unterzubringen, die mit den Buchstaben des Göttlichen Namens einhergehen. Dabei bilden – gemäß dem Prinzip der Analogie – die Zahlen 4 und 7 sowohl das Anfangs- als auch das Endglied eines Segments:

						7	8	9	10
						Iod	He	Vau	He
			4	5	6	7			
			Iod	He	Vau	He			
1	2	3	4						
Iod	He	Vau	He						

Auch die Anwendung dieses Gliederungsprinzips auf die großen Arcana ist, wie man leicht feststellen kann, ohne weiteres möglich. Damit wird man aber der herausragenden

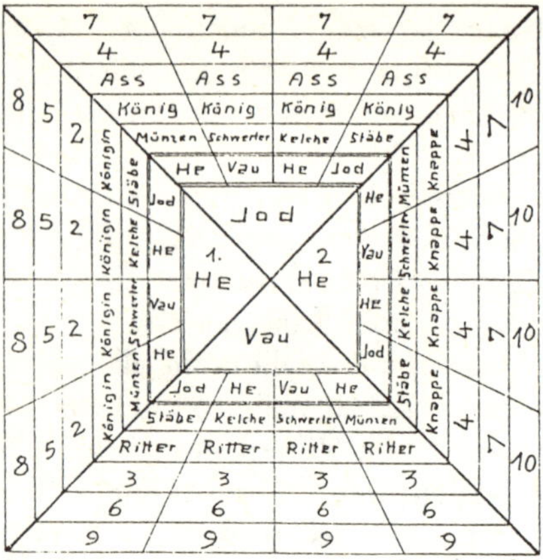

Abbildung 25. Grafische Darstellung der Kleinen Arcana und der Hofkarten des Tarot unter dem Gliederungsprinzip des Tetragrammaton nach Papus; aus [69].

Bedeutung dieser Kartengruppe in den Augen von Papus nicht gerecht. Zusätzlich schien es ihm notwendig zu sein, sich hierbei auf die mystische Kraft der Zahlen 3 und 7 zu besinnen. Eine solche Betrachtungsweise hatte bereits Court de Gébelin angewendet ([23] S. 379). Löste man den ›Narren‹ aus der Reihe der großen Arcana heraus, um ihn als Übergangsglied zu den kleinen Arcana zu betrachten, so war der Weg frei für eine Verteilung der verbleibenden 21 Karten in Dreier- und Siebener-Segmente. Hinzu kam noch die Anwendung des ›Gesamtschlüssels‹ der vier Buchstaben des göttlichen Namens.

Somit wird die Strukturierung der großen Arcana zu einer recht komplizierten Angelegenheit: I, II, III und IV entsprechen, wie sich denken läßt, Iod, He(1), Vau und He(2). IV leitet gleichzeitig die nächste Vierer-Reihe IV, V, VI, VII ein. Diese beiden Reihen bilden die erste Siebenheit der großen Arcana. I, II und III bilden die erste, durch positive Kräfte bestimmte Dreiheit. VII fungiert als Übergangsglied und Anfang der Anwendung des dreifachen Gliederungsprinzips auf die folgenden Zahlen. Bis einschließlich XIX gewinnt man auf diese Art und Weise drei Siebener-Segmente, die jeweils in zwei Vierer-Segmente bzw. zwei Dreier-Segmente mit je einem Übergangsglied zerfallen. Die erste Siebenheit ist als Ganzes von positiven, die zweite von negativen und die dritte von neutralen Kräften geprägt.

Außerdem gilt: Die erste Siebenheit entspricht Iod und gleichzeitig Gott, die zweite He(1) und dem Menschen, die dritte Vau und der Natur. Es verbleiben die Arcana XX, XXI und 0. Mit XIX als Übergangsglied aus dem vorigen Vierer-Segment ergibt sich damit eine letzte Vierheit, die nochmals mit dem Tetragrammaton in Beziehung gesetzt wird. Als Ganzes entspricht sie He(2) und bezeichnet, wie Papus sagt, »den Übergang von der Welt des Schöpfers und der Vorsehung zur Welt des Erschaffenen und des Schicksals« ([98] S. 44). Aus der Wirksamkeit positiver, negativer und neutraler Kräfte ergeben sich weitere Differenzierungen, die hier jedoch nicht dargestellt werden können.

Die sich zwangsläufig einstellenden, fast heillosen Komplikationen suchte Papus mit geometrischer und tabellarischer Darstellung zu mildern. Doch er selbst wußte um die Willkür in seinem System. Warum sonst stellte er, in ganz ungewohnter Bescheidenheit, seinen Ausführungen die Bemerkung voran: »Doch wir müssen gleich zu Anfang einen großen Vorbehalt machen: die Reihen, die wir zusammenstellen werden, sind sehr allgemein, aber nicht die einzig möglichen.« ([98] S. 38)

Bei aller Abgehoebnheit seiner Überlegungen von lebenspraktischen Fragen versprach sich der Urheber dieses Strukturmodells doch einiges davon, den ganzen komplexen Apparat in Bewegung zu setzen: »Jetzt brauchen wir nicht mehr zu befürchten, daß wir uns durch die falsche Interpretation eines äußeren Bildes oder einer ungenauen Darstellung täuschen lassen.« ([98] S. 79)

Zu befürchten war auch nicht mehr, daß der Leser beim Anblick von ungenauen Tarot-Bildern in Papus' eigenem Buch zu falschen Vorstellungen geführt würde. In dieser Richtung vorzubauen, war aus der Sicht des Verfassers wohl empfehlenswert. Als *Le Tarot des bohémiens* 1889 erschien, konnte er nämlich noch keine eigene Tarot-Gestaltung vorlegen – ein fühlbares Manko in einem Buch, das zum Standardwerk

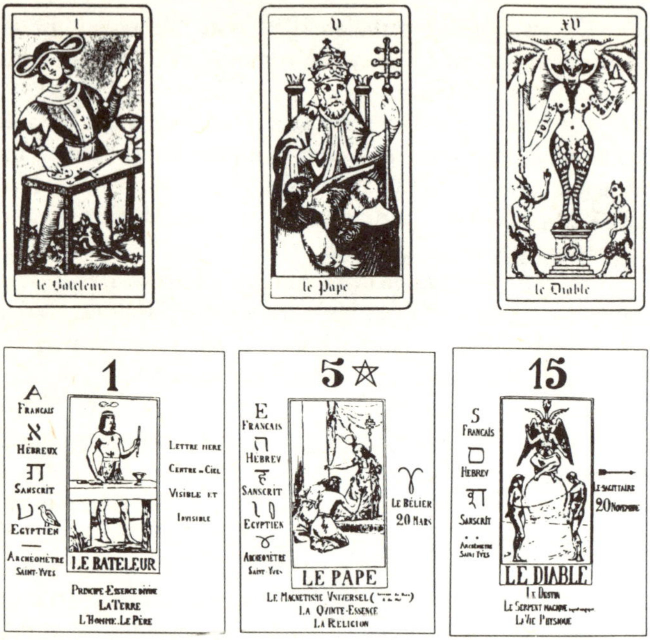

Abbildung 26. Drei große Arcana aus dem Kartensatz von Wirth (oben) und Papus (unten). Wirths Entwürfe halten sich weitgehend an die Motive des Tarot de Marseille, angereichert mit Ideen Lévis und de Guaïtas. Papus ging es darum, den Ägyptizismus Court de Gébelins wiederauferstehen zu lassen und auf jeder Karte buchstabenmystische, astrologische und andere okkultistische Entsprechungen zu vermerken.

werden wollte. Doch kollegiale Hilfe konnte bis auf weiteres über diesen Mangel hinweghelfen. Papus' Freund Stanislas de Guaïta sorgte dafür, daß Wirths Darstellungen der 22 großen Arcana in die Erstausgabe des *Tarot der Zigeuner* gelangten.

Papus selbst tat sich offenbar schwer mit der Sprache der Bilder. 1909 konnte er endlich einen von Gabriel Goulinat künstlerisch verwirklichten eigenen Tarot vorlegen. Seine Motive wurden in alle seither erschienenen Auflagen des *Tarot der Zigeuner* übernommen und zieren – in vereinfachter Form – auch die deutsche Übersetzung von 1979.

Weder an Gefälligkeit noch an Ausdrucksstärke können diese Karten es mit denen Wirths aufnehmen. Die Darstellungen sind zudem noch durch allerlei Zeichen, Buchstaben und Untertitel überladen, die nur für denjenigen einen Sinn ergeben, der das Tarot-Lehrgebäude von Papus verstanden und akzeptiert hat.

Vom breiten Publikum ist dieser Tarot nie so recht angenommen worden. Dennoch beanspruchte sein Schöpfer, den eigentlichen Vorstellungen Éliphas Lévis bildhaften Ausdruck gegeben zu haben. Er trat damit in Konkurrenz zu Oswald Wirth, der für seine Karten dasselbe in Anspruch nahm. So erklärt sich auch die erstaunliche Tatsache, warum in Papus' Aufzählung der wichtigsten Tarot-Editionen ([98] S. 74) die von Wirth nicht genannt wird, wohl aus einer gewissen Rivalität der beiden.

Mit seinem *Tarot der Zigeuner* wollte Papus einen Systementwurf für eine Metaphysik des Tarot liefern, jedoch nicht eine weitere Einführung in das Kartenlegen schreiben. Wenn er sich in den letzten Kapiteln dennoch der Wahrsagerei widmete, dann nicht ohne durchblicken zu lassen, daß diese im Grunde eine Zweckentfremdung des Buches Thot sei. Bedauernd stellt er fest, »daß die Wissenschaft keine Macht über diese Kunst ausübt, sondern in diesem galanten Bereich herrschen Imagination und Intuition als Meisterinnen uneingeschränkt.« ([98] S. 253)

Dennoch verschloß sich Papus nicht dem Verlangen seiner Anhänger, ihnen die aufregenden Möglichkeiten der Kartomantie mit größerem Engagement zu eröffnen. Im Jahre 1909 endlich veröffentlichte er ein Lehrbuch des Kartenlegens, *Le Tarot divinatoire* ([99]), unbestreitbar eines der kompetentesten Werke dieser Art, das jemals geschrieben wurde. Ohne alle Umschweife widmet er sich darin voll und ganz jenen Fragen, die zu klären sind, wenn das Kartenlegen eben nicht als galante Spielerei, sondern als kunstvolle mantische Methode gehandhabt werden soll. Dieses Werk wirkt wie eine unfreiwillige Huldigung an den ungeliebten Étteilla, von Papus nun gar zum »Perückenmacher-Lehrling« ([99] S. 36) degradiert, jedoch hochgeschätzt als unerreichte Kapazität der Kartomantie.

Eine Denkfabrik der Esoterik

Sir Arthur Conan Doyle, der Schöpfer von Sherlock Holmes, pflegte ab und zu ein Schwätzchen mit einem Nachbarn, Dr. med. Henry Pullen Burry, zu halten. Eines Tages im Jahre 1898 nahm die Unterhaltung eine überraschende Wendung. Conan Doyle erhielt von seinem Gesprächspartner eine Einladung – jedoch nicht etwa, wie man unter zwei gebildeten, angesehenen Londoner Individuen wohl hätte erwarten dürfen, zum Pferderennen oder zum Golf. Nein, der Schriftsteller sollte in einem Club ganz besonderer Art eingeführt werden, dessen Namen der Doktor zunächst noch für sich behalten wollte.

Im Jahre 1924 machte Conan Doyle den Inhalt dieses Gesprächs in einem Artikel für *Pearson's Magazine* bekannt:

»Soweit ich die Angelegenheit verstand, möchte ich meinen, umfaßten die Fähigkeiten dieser Gesellschaft die Astralwanderung, die Kontaktierung des Astralleibes eines anderen (z .B. meines eigenen) und das Erzeugen von Visionen...« (Zit. nach [61] S. 200)

Conan Doyle hatte sich seinerzeit nach einiger Überlegung zwar entschieden, die Einladung nicht anzunehmen. Dennoch war er neugierig geworden. Prompt hatte er einen Traum, der ihn veranlaßte, sich die Frage zu stellen, ob er vielleicht ›astralen Besuch‹ durch ein Mitglied der geheimnisvollen Gesellschaft erhalten habe.

Diese Begebenheit aus der Rubrik ›Nebensächliches aus dem Leben berühmter Zeitzeugen‹ illustriert ein überraschendes Phänomen. So manche Stütze der britischen Society, deren Denken und Tun nach außen hin durch die Kulturnormen der viktorianischen Gesellschaft – Konformität, Erfolgsorientiertheit und lebenspraktischer Common sense – geprägt war, liebäugelte mit den Geheimen Mächten oder gab sich ihnen gar unerkannt mit gläubigem Ernst hin.

Für diese wenig beachtete Tatsache steht, mehr als alles andere, jener Name, der im Gespräch zwischen Conan Doyle und seinem Nachbarn geflissentlich verschwiegen worden war: *The Hermetic Order of the Golden Dawn* (Hermetischer Orden der Goldenen Morgenröte).

Die Mitgliederliste dieser Vereinigung[31] erweckt den Eindruck, als habe es sich dabei um einen ganz normalen Club für die gebildete und staatstragende Schicht Großbritanniens gehandelt. Aber was diese Akademiker, Künstler und reichen Pensionäre zusammenführte, war nicht der Small talk bei Tee und Gebäck, sondern die Verwirklichung der Ziele einer regelrechten esoterischen Denkfabrik. In kraftvoller Liturgie erteilten ihre Mystagogen denen, die erwählt und zu schweigen bereit waren, geheimnisvolle Weihen.

Mit Fug und Recht darf man diese Veranstaltungen als gezielte Attacken auf Bewußtseinszustände bezeichnen, über die der sogenannte gesunde Menschenverstand das Regiment führt. Aber anschließend kehrte ein jeder wieder zu seiner Arbeit und ins Familienleben zurück – nicht jedoch ohne noch entsprechende Hausaufgaben erhalten zu haben, versteht sich.

Master Mind der geschlossenen Gesellschaft war Samuel Liddel Mathers (1854–1918), ein Mann, dessen psychologische Beurteilung zu heikel erscheint, um sie hier abschließend vorzunehmen. Seine Biographie, die noch nie Gegenstand seriöser Darstellung war, böte einzigartiges Material über die risikoreiche Nähe von medialen Seelenkräften und barem Realitätsverlust. William Butler Yeats, prominentestes Mitglied des Golden Dawn, lernte ihn auch privat kennen. Yeats schreibt:

»Abends spielten wir manchmal Schach, allerdings auf eine besondere Art und Weise, nämlich mit vier Spielern. Mrs. Mathers war stets meine Partnerin, Mathers hingegen erklärte, er spiele mit einem Geist zusammen. Jedesmal bevor er für seinen Partner zog, bedeckte er seine Augen mit den Händen, oder er fixierte den leeren Stuhl auf der gegenüberliegenden Seite des Spielbrettes.« ([153] S. 73 f.)

Ob nun im höchsten Geiste entrückt – oder einfach nur verrückt, der spleenige Mathers vermochte sich den großen

31 Nach fast einhundert Jahren der Diskretion endlich vollständig veröffentlicht von R. A. Gilbert in [46].

Abbildung 27. Eine der seltenen Photographien von Samuel Liddel Mathers (ca. 1882). Sie zeigt ihn in der Uniform eines Leutnants der Königlich-Britischen Artillerie. Obwohl er nie Soldat war, gefiel sich der Chef des Golden Dawn in der Rolle des martialischen Militärs. Aus [61].

Dichter zu Dank zu verpflichten. Und solange er es nicht zu arg trieb, waren ihm die Apanagen vermögender Ordensbrüder und -schwestern gewiß, ebenso wie der Respekt seiner Zauberlehrlinge, unter denen W. B. Yeats, Aleister Crowley und Arthur Edward Waite nur die bekanntesten waren. Sie wußten, was sie ihm, der von Insidern nur ›der Chef‹ genannt wurde, zu verdanken hatten.

Wie andere Wegbereiter der neuen Spiritualität fügte auch Mathers die Offenbarungen verschiedener Religionen mit schöpferischer Phantasie zu einer sinnstiftenden Synthese zusammen. Diese Art von Ökumene erscheint den autorisierten Vertretern der christlichen Konfessionen stets verdächtig.

Unter spirituell empfänglichen Menschen, die in einer Art kulturellem Reinigungsritual dem kirchlich verwalteten Glauben abgeschworen haben, wird dadurch das Vergnügen, seine eigene Religion zu haben, allerdings überhaupt erst möglich.

In der Wahl seines Namens wollte der Hermetische Orden der Goldenen Morgenröte bei seiner Gründung im Jahre 1888 seine Herkunft von den deutschen Rosenkreuzern und Alchemisten kundtun.[32]

Seine Gründer waren im Besitz von Manuskripten, die in einer von Trithemius (vgl. Kap. 2) entwickelten Geheimschrift abgefaßt waren, aus dem 18. Jahrhundert zu stammen schienen und angeblich die Grundlagen einer rosenkreuzerisch-alchemistischen Geheimlehre enthielten. Diese Schriftstücke wurden nur einem erlesenen Kreis von Ordensmitgliedern gezeigt und durften erst im Jahre 1972 einer eingehenden Untersuchung unterzogen werden ([61]). Es stellte sich heraus, daß es sich um Fälschungen handelte.

Wohl entlehnte Mathers gewisse Elemente der von ihm geschaffenen Rituale dem Zeremoniell der Rosenkreuzer des 17. bzw. der Gold- und Rosenkreuzer des 18. Jahrhunderts. Dennoch liegt der unverwechselbare Charakter der Esoterik des Golden Dawn-Ordens in der Aufbereitung vielfältiger Stoffe aus unterschiedlichen Überlieferungsströmen. Und ausgerechnet Tarot als Bestandteil des Lehrprogramms für die höheren Grade der Eingeweihten ist ein untrügliches Zeichen dafür, daß man nicht nur aus der Vergangenheit schöpfte, sondern höchst aktuell war.

Mit der einzigartigen Kollektion von Individualisten, die sich im Golden Dawn zusammengefunden hatten, konnte es jedoch nicht auf alle Zeit gutgehen. Die Meinungsführerschaft beanspruchten Konservative wie Westcott,[33] Horniman[34] und

32 Auf die tiefere Bedeutung des Namens kann hier nicht eingegangen werden. Ausführlich dazu [43] S. 356 ff.

33 Dr. med. William Wynn Westcott (1848–1925), ein führender Freimaurer in England, war einer der Gründer des Ordens.

34 Annie Elizabeth Fredericka Horniman (1860–1937) galt als bedeutende Förderin zeitgenössischer Theaterprojekte auf Englands und Irlands Bühnen und war zeitweise Privatsekretärin von W. B. Yeats.

Waite. Diese Fraktion war innerlich in den Idealen Old Englands verwurzelt, viktorianisch-altbacken und pedantisch auf den guten Ruf des Ordens bedacht.

Ganz anders verhielten sich spirituelle Selbstverwirklichung und gesellschaftlich sanktionierte Normen in der Vorstellungswelt solcher Charaktere wie Crowley und Berridge[35] zueinander. Dazwischen standen die Idealisten einer Kultur der Innerlichkeit, wie Yeats und Farr,[36] den Blick fest auf die Ästhetik transzendenter Erfahrungen gerichtet, jedoch die Augen verschließend vor den Gewitterwolken, die die Goldene Morgenröte zu überlagern begannen. Mathers, der Mann an der Spitze, verkörperte die Extreme in einer einzigen Person, mal Erzkonservativer bis auf die Knochen, mal ganz exzentrischer Individualist, jedoch unfähig, mit starker Hand das Ordensschiff durch aufziehende Unwetter zu steuern.

Am Aufstieg des Aleister Crowley (1875–1947) zum Liebling von Mathers schieden sich dann die Geister. Crowley sollte als selbsternanntes ›Großes Tier‹ und sogenannter ›Schlechtester Mensch in ganz England‹ – ein Ehrentitel, den ihm das satirische Magazin *John Bull* verlieh – noch so manche Kostprobe seiner einzigartigen Sendung geben.

Ein Mann wie er konnte die unteren Weihen des Golden Dawn nur als Aufwärm-Phase betrachten, um endlich in die Arena zu steigen, wo sich die wahren Magier maßen. Doch hatte er, als er nach ungewöhnlich kurzer Lehrzeit von Mathers zum fortgeschrittenen Adepten erklärt wurde, die Rechnung ohne seinen Intimfeind W. B. Yeats und die Statthalter des guten Tons im Golden Dawn gemacht.

Eine Gruppe einflußreicher Mitglieder weigerte sich, Crowleys Einweihung anzuerkennen. Mathers reagierte auf

[35] Edward W. Berridge (ca. 1843–1923), ein Heilpraktiker mit etwas zweifelhaftem medizinischem Doktorat, empfahl als Verehrer des amerikanischen Spiritualisten Thomas Lake Harris (1823–1906) die freie Liebe als Mittel der geistig-seelischen Vervollkommnung.

[36] Florence Farr (1860–1917), eine berühmte Schauspielerin ihrer Zeit und Geliebte G. B. Shaws, widmete sich im Golden Dawn mit Vorliebe parapsychologischen Experimenten.

die Infragestellung seiner Autorität äußerst irrational und provozierte damit seine eigene Absetzung als Chef des Ordens.

Daraufhin nahmen die Auseinandersetzungen geradezu feindseligen Charakter an. Sie beschäftigten nicht nur die Gerichte, sondern wurden auch mit Mitteln ausgetragen, die dem Selbstverständnis dieser Gesellschaft eher entsprachen. ›Tödliche Ströme der Willenskraft‹, entfesselt durch magische Aktionen beider Seiten, jagten hin und her. Eine definitive Entscheidung über Sieg oder Niederlage einer der beiden kämpfenden Parteien wurde dadurch allerdings nicht herbeigeführt.

Endlich kam es zu einer von Crowley ersonnenen und von Mathers abgesegneten Aktion, die Ellic Howe als die »Schlacht an der Blythe Road« bezeichnet und in trockener Chronistensprache beschrieben hat. Ihre Inszenierung ließ an Seltsamkeit und Wahnwitz nichts zu wünschen übrig.

Danach war die Goldene Morgenröte nur noch ein Schatten ihrer selbst. Die endgültige Spaltung war nicht mehr zu vermeiden, und ab 1903 kam es zur Gründung verschiedener Nachfolge-Organisationen, deren jede für sich in Anspruch nahm, legitime Erbin des Ordens zu sein.

Der Golden Dawn hinterließ ein reichhaltiges Reservoir an Symbolen und Ritualen, aus dem seither freizügig geschöpft worden ist. Und wie immer, wenn es um die spirituelle Zurüstung auf die Wassermannzeit geht, sind die magischen Karten dabei mit von der Partie.

Die englischsprachige Öffentlichkeit wurde erstmals im Jahre 1886 mit dem Buche Thot bekannt gemacht. In diesem Jahr publizierte A. E. Waite eine Übersetzung von ausgewählten Texten aus Lévis Werken, darunter auch einen längeren Abschnitt über Tarot. ([141])

Zu diesem Zeitpunkt hatte sich aber auch ein Samuel Liddel Mathers schon selbst über die magischen Karten kundig gemacht. 1888 veröffentlichte er ein Büchlein unter dem Titel *The Tarot: its Occult Signification, Use in Fortune-Telling and Method of Play* ([83]). In gedrängter Form werden darin die wesentlichen Positionen Court des Gébelins, Étteillas, Lévis, Christians und Vaillants dargestellt. Ohne hochtrabende Aufwertung eines ›spirituellen‹ gegenüber einem ›kartomantischen‹ Tarot wird das Kartenlegen auf seinen sachlichen Kern, nämlich die methodischen Prinzipien Étteillas, zurückgeführt. Als esoterisches Lehrgebäude wiederum ist Tarot für Mathers ein zahlenmystisches Modell »kabbalistisch-ägyptischen Ursprungs« ([83] S. 4). In der Auslegung der 22 Trümpfe – der Begriff große Arcana taucht bezeichnenderweise überhaupt noch nicht auf – folgt er weitgehend Paul Christian. Auf dessen Vorstellung von den Trümpfen als Abbildern einer spirituellen Höherentwicklung des Menschen wird ebenfalls eingegangen.

Für die Nachhut des Golden Dawn in unseren Tagen scheint diese Abhandlung eine Peinlichkeit zu sein. Will man doch die Auffassung verbreiten, das Mysterium Tarot sei Mathers durch eine bis ins Mittelalter zurückreichende, im Verborgenen wirkende Gesellschaft von Eingeweihten offenbart worden ([145] S. 10 f.). Wie aber ist dann zu erklären, daß Mathers noch 1888 voll und ganz die Anschauungen der französischen Tarot-Schule vertrat? Wer nach wie vor vom Glauben an die geheimwissenschaftliche Mission des Chefs erfüllt ist, für den ist die Antwort jedoch kein Problem. Alle zu diesem Zeitpunkt gemachten Äußerungen seien »Irreführungen, um die nichtsahnende Öffentlichkeit von den wahren Geheimnissen abzulenken.« ([145] S. 23)

So etwas kann aber nur behaupten, wer trotz aller gegenteiligen Beteuerungen immer noch gern mit den Reizen der Geheimkulte kokettiert. In Wirklichkeit stand Mathers im Jahre 1888 den Anschauungen der französischen Tarot-Schule eben noch sehr nahe. Erst 1891, als neue Rituale in den Golden Dawn eingeführt wurden, hatte die Tarot-Lehre des Ordens ihre endgültige Gestalt angenommen. Nun trug sie eindeutig die Handschrift von Mathers, doch auch Westcott hatte an ihrer Erarbeitung mitgewirkt.

Samuel Liddel Mathers dürfte als der größte Formalist in die Geschichte der Tarot-Esoterik eingehen. Seine Berufung war es nicht, Geschichten zu erzählen, sondern die Eindeutigkeit der Zeichen sicherzustellen. Er verzichtete darauf, sein Interpretationssystem in epischer Breite zu Literatur zu verarbeiten. Ihm ging es darum, daß es in den Köpfen der Mitglieder seines Ordens Wirkung zeigte. Denn Mathers begriff sich in erster Linie als Magier und nicht als esoterischer Schriftsteller. Selbst wenn er Jahre darauf Jahre verwendete, um Werke der klassischen Kabbala, wie die *Kabbala Denudata*, die *Clavicula Salomonis* in lateinischer, sowie die *Heilige Magie des Weisen Abraham von Worms* in alt-französischer Sprache zu meistern und sie in englischer Übersetzung vorzulegen, dann nicht aus akademischem, sondern aus höchst praktischem Interesse.

Auch der Tarot sollte von den Adepten seines Ordens nicht nur als Symbolsystem verstanden werden. Er war für sie ein wichtiger Bestandteil bestimmter Weihehandlungen, und selbst das unter französischen Tarot-Puristen so verpönte Wahrsagen aus den Karten war unverzichtbarer Bestandteil ihres Ausbildungsprogramms. Kernstück von Theorie und Praxis des Tarot im Golden Dawn war der Baum der Sefirot, jenes kosmologische Modell der Kabbalisten, das Éliphas Lévi für den Tarot entdeckt hatte.

Nicht selten begleiten Mißverständnisse die Einpassung eines Stücks mystischer Überlieferung in die moderne Esoterik. Eines dieser Mißverständnisse, und sicher eines der bemerkenswerteren, liegt in der systematischen Umdeutung des Baumes der Sefirot in ›Baum des Lebens‹. Wenn es sich dabei schon um ein Mißverständnis handelt, dann in seiner Art doch unbestreitbar um ein produktives. Immerhin scheint sich dadurch für einen Moment die Tür zur paradiesischen Einheit von Gott, Mensch und Kosmos für einen Spaltbreit zu öffnen. Und außerdem kann man den Tarot-Karten nun auch noch biblische Wurzeln andichten. Wenn dabei die fundamentalen Unterschiede zwischen dem Baum des Lebens und dem Baum der Sefirot unsichtbar werden, trägt das in den Augen des Suchers nach dem Wunderbaren womöglich noch zum Reiz dieses Geheimnisses bei.

Der Baum des Lebens in der Schöpfungsgeschichte des Alten Testaments ist das Sinnbild eines Lebens in Gott, das dem Menschen zugedacht gewesen wäre, wenn Adam seinen Willen dem Willen Gottes untergeordnet hätte. Der Baum der Sefirot der klassischen Kabbala dagegen stellt eine theologische Konzeption dar, die das präzise Gegenteil des biblischen Baumes des Lebens ausdrücken soll, nämlich die Welt, die Gott aus sich heraus schuf, die Welt, in welche der Mensch hinaus verbannt wurde, nachdem er das Leben in paradiesischer Einheit mit Gott verloren hatte.

Das Ziel der jüdischen Mystiker des Mittelalters war die Schau der Herrlichkeit des Einen Gottes auf seinem Himmlischen Thron, umgeben von Schöpferkräften, durch die er die Welt erschafft. Ihre Vision des Göttlichen drückten sie sinnbildlich durch den Baum der Sefirot aus.

In der ganzen Fülle seines Wesens ruht Gott unerkennbar außerhalb der geschaffenen Welt. Dieser verborgene, in sich ruhende Kern des Göttlichen wurde von den Kabbalisten *Ein Sof* genannt. Als aktiver Schöpfer hingegen manifestiert sich Gott im allgegenwärtigen Wirken der zehn *Sefirot,*[37] die als Kraftzentren der Schöpfung gelten. Ihr Zusammenspiel soll dafür sorgen, daß alles am rechten Ort steht und die ihm gemäße Funktion ausübt. Nicht allein das Obere bestimmt das Untere, sondern das Untere wirkt auch auf das Obere zurück. Verborgene ›Kanäle‹ *(zinnorot)* – in der Sprache der vom Golden Dawn beeinflußten Kabbalistik ›Pfade‹ – verbinden die Sefirot miteinander, um anzuzeigen, daß jedes Kraftzentrum in die anderen strahlt und widerstrahlt. Das Ganze reflektiert sich also in jedem seiner Glieder, und erst in dieser unendlichen Reflexion wird es zum Ganzen.

Nach dem Buch *Sohar*[38] heißen die drei obersten Sefirot *Keter* (Wille oder Krone), *Chockmah* (Einsicht oder Vernunft) und *Binah* (Unterscheidungskraft oder Intellekt). Die zweite Dreiheit der Sefirot wird durch moralische Kategorien bestimmt. Es entfalten sich *Chesed* (Gnade oder Liebe), *Gevurah*

37 Hebräisch *sefirot*, Lichtkreise; die Einzahl ist *sefirah*.

38 Der *Sohar* (Lichtglanz) wird vielfach als Hauptwerk der Kabbala bezeichnet. Er wurde im letzten Drittel des 13. Jahrhunderts in Spanien von Moses de Leon verbreitet und vermutlich auch verfaßt.

(Strenge oder Gericht) und *Tiferet* (Erbarmen oder Schönheit). In *Nezach* (Festigkeit oder Dauer), *Hod* (Ruhm oder Resistenz) und *Yesod* (Zeugung oder Fundament) vollendet sich die dreifache Dreiheit der schöpferischen Einzelkräfte Gottes. In der zehnten Sefirah, *Malkhut* (Herrschaft oder Reich) sind alle neun Schöpfungskräfte in lebendiger Einheit erfaßt. Auf dieser Ebene materialisiert sich der Plan der Schöpfung zur irdischen Wirklichkeit. Sie spiegelt die Struktur der kosmischen Kräfte wider und bewahrt sie in sich. Der berühmte Kabbalist Moses Cordovero († 1570) drückte es einfacher aus: »Selbst da, wo du stehst, sind alle Welten.« (Vgl. [121] S. 165)

Auf den ersten Blick weht hier die reine Luft eines Geistes, in dem die heilige Einheit von Gott, Mensch und Natur noch besteht. Der als ›Baum des Lebens‹ verstandene Baum der Sefirot wurde zum Zeichen der Unverlierbarkeit und Unzerstörbarkeit dieser Einheit, die im Zeitalter des Wassermann wieder erfahrbar werden soll.

Aus einer solchen Interpretation spricht jedoch eher die Suche nach einem Fluchtpunkt für die diffuse Perspektive der eigenen Spiritualität als echtes Verständnis der Kabbala. Vergessen wird, daß die Kosmologie der Sefirot in einen Schöpfungsmythos eingebettet ist, der für christliche Ohren höchst seltsam klingen muß.

Nach der Überzeugung der mittelalterlichen Kabbalisten war die Erschaffung der Welt keine freie Liebestat Gottes, sondern ein Kampf, hervorgegangen aus einer Krise tief im Innersten des Göttlichen selbst. Dieser Mythos eignet sich also in der Tat wenig dazu, durch schöne Bilder und entschiedenes Harmoniestreben ein Gegengewicht zum heute herrschenden pessimistischen Lebensgefühl aufzubauen. Er ist eher eine eindringliche Erinnerung daran, daß die Fähigkeit des Menschen, Leiden zu erdulden, nicht erst in jüngerer Vergangenheit im jüdischen Volk ihren höchsten Grad erreicht hat.

Mit der historischen Erfahrung von Exil und Verfolgung hängt wohl auch jene dunkle, ja unheimliche Seite der Kabbala

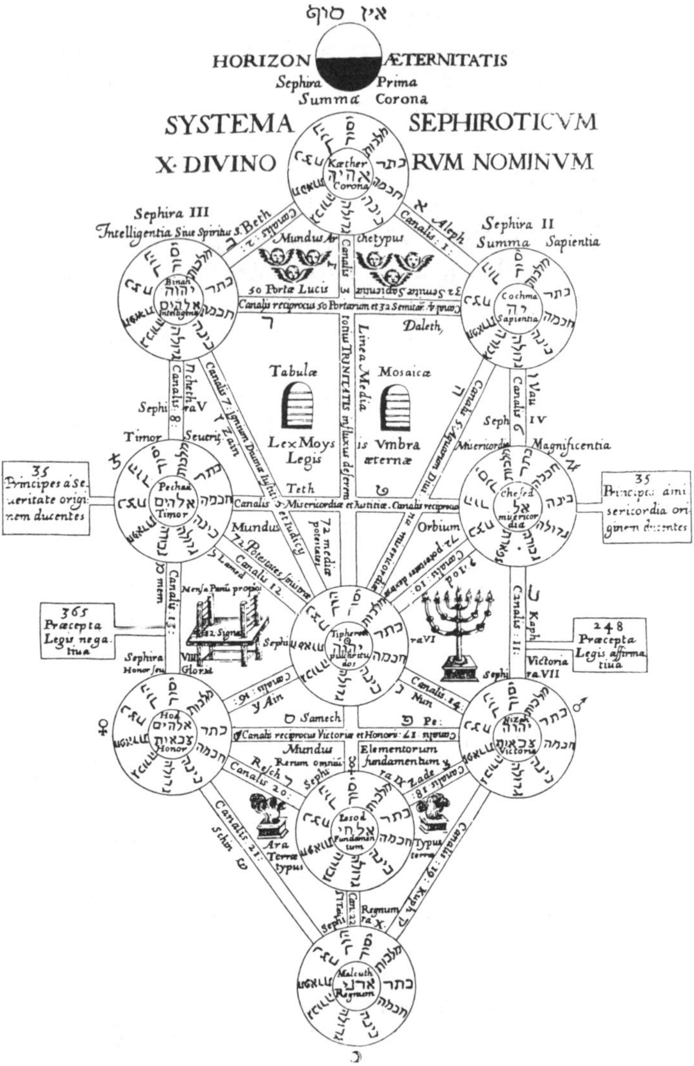

Abbildung 28. Der Baum der Sefirot in der ganzen Fülle der Symbolik, die ihm im Mittelalter zugeeignet wurde. Die Darstellung stammt aus dem *Oedipus aegyptiacus* des Athanasius Kircher, erschienen in Rom im Jahre 1562.

zusammen, die man heute oft vorschnell als primitiven Aberglauben abwertet. Sie war nicht zuletzt Ausdruck des Bedürfnisses, sich mit der Bedrohung des eigenen Lebens durch die Mächte des Bösen und der Zerstörung auch religiös auseinanderzusetzen.

Wie in der historischen Kabbala bildeten auch im Golden Dawn mystische Verinnerlichung und magische Aktion zwei Seiten ein und derselben religiösen Praxis. Die von Mathers entworfenen Zeremonien mögen heute in ihrer okkulten Bizarrerie belächelt werden. Doch sollte man nicht vergessen, daß Theaterleute aus dem ersten Glied dabei für eine perfekte Dramaturgie sorgten. Auf Menschen, die den Sinn von Symbolik und Kultus nicht nur erlernen, sondern auch existenziell erfahren wollten, können diese Rituale ihre Wirkung nicht verfehlt haben.

In jedem Zeremoniell sollte sich die Seele des Geweihten auf die spirituelle Ebene einer bestimmten Sefirah emporheben lassen. Dabei diente ein ganz bestimmtes Tarot-Bild dazu, sie zur Erkenntnis des entsprechenden Pfades im Baum der Sefirot anzuregen. So wurde der Auffassung Éliphas Lévis, der Tarot sei mit göttlichem Geist erfüllt, um die übernatürliche Wirklichkeit erschauen zu lassen, nun auch rituell Ausdruck gegeben. Die Arcana des Tarot wurden zu Kultbildern einer Religion, für die das Heil in der Erlangung des kosmischen Bewußtseins lag.

Woher auch immer der legendäre Éliphas, dieser Vorbote einer spirituellen Weltrevolution, seine kabbalistischen Weisheiten hatte, es muß ihm bekannt gewesen sein, daß im *Sefer Yetzirah*[39] die 22 Buchstaben des hebräischen Alphabets und die zehn Zahlen der ersten Dekade als Wesen und Kern des Plans der Schöpfung bezeichnet werden. Daraus entwikkelte die mittelalterliche Kabbala die Vorstellung von den ›32 wunderbaren Wegen der Weisheit‹ (vgl. [114] sowie [123] S.

39 Nach Schubert das »Buch der Schöpfung/Bildung/Formung« ([124] S. 30). Ein grundlegendes Werk der Kabbala, dessen Entstehungszeit neuere Forschungen in die Zeit zwischen 70 und 135 n. Chr. verlegen ([12] S. 238).

27). Die Zahlen von eins bis zehn stellen danach die Schöpfungskräfte der zehn Sefirot dar, und die 22 Buchstaben entsprechen den kosmischen Ausstrahlungen, welche in 22 Kanälen den Fluß der göttlichen Kräfte von Sefirah zu Sefirah sicherstellen. In seiner unnachahmlichen Art, die Enden von Tradition und Fortschritt zusammenzufügen, rechnete Éliphas Lévi den Okkultisten des 19. Jahrhunderts vor:

»Die zehn Sefirot und die 22 Tarot-Karten sind die 32 Wege des absoluten Wissens der Kabbalisten.« ([80] Bd. 1, S. 172)

Wie es sich für einen großen Vordenker gehört, sorgte der Meister einzig und allein dafür, daß der Schlüssel wieder einmal ins Schloß paßte. Die Kleinarbeit überließ er anderen. Und hier beginnt jener Teil der Geschichte, welcher vom Hermetischen Orden der Goldenen Morgenröte geschrieben wurde, dessen Gründer sich im Namen der Erleuchtung bisweilen auch als Verdunkelungs-Spezialisten betätigten. Dafür hatten sie überaus gute Gründe. Denn wenn ein Sachverhalt allzu klar und einfach ist, eignet er sich kaum als Stoff, aus dem die Mysterien gewoben werden.

Die kabbalistische Tradition hatte für die 22 Buchstaben des hebräischen Alphabets feste Positionen im Baum der Sefirot vorgesehen (vgl. Abb. 28). Die 22 Trümpfe des Tarot waren wiederum von Éliphas Lévi in ganz bestimmter Weise dem hebräischen Alphabet zugeordnet worden. Diese Anordnung wurde von den französischen Okkultisten und auch von Mathers in seinem Tarot-Aufsatz von 1888 ausdrücklich anerkannt. ([83] S. 9)

Doch das Mysterium Tarot zehrt nicht zuletzt von der Vorliebe des Publikums, das Geheimnisvolle dem Eindeutigen vorzuziehen. Und so kam es gegen die reine Lehre des Éliphas Lévi zu einer Verschwörung, deren wahre Hintergründe bis heute niemand so recht wahrhaben möchte.

Im Jahre 1896 veröffentlichte W. W. Westcott eine Schrift mit dem Titel *The Magical Ritual of the Sanctum Regnum*, die er als Übersetzung eines unveröffentlichen Kommentars Lévis zu den 22 großen Arcana ausgab. Nun war vorher weder etwas von der Existenz eines solchen Manuskriptes im Nachlaß Lévis bekannt gewesen, noch ist es jemals in französischer Sprache veröffentlicht worden. Mercier, der Verfasser der wohl gründlichsten Studie von Constant-Lévis Gesamtwerk, erwähnt diese Schrift nur im Zusammenhang mit Westcott, hütet sich aber, sie als ein Werk Lévis zu bezeichnen

Bedeutsam im Zusammenhang mit der Einfügung des Tarot in das Symbolsystem des Baumes der Sefirot ist Westcotts Vorwort. Hier wird erstmals die Behauptung aufgestellt, daß die Zuordnung der großen Arcana zu den hebräischen Buchstaben von der französischen Tarot-Schule fehlerhaft dargelegt worden sei.

Dem großen Éliphas einen Irrtum zu unterstellen, erschien Westcott allerdings nicht angemessen. Seiner Meinung nach verhielt es sich so, daß Lévi in voller Absicht seine Leser in die Irre geführt habe, um das kostbarste seiner Geheimnisse nicht preiszugeben. Ihm, Westcott, seien die korrekten Zuordnungen jedoch bekannt. Einblick in dieses Geheimnis habe er durch ein 150 Jahre altes, in einer Geheimschrift abgefaßtes Manuskript erhalten.

Im Jahre 1896, als die Überzeugung noch ungebrochen war, Tarot sei ein uraltes Mysterium, machte eine solche Behauptung natürlich Eindruck. Niemand ahnte, daß die Verbindungslinie zwischen den 22 Trümpfen und den 22 Buchstaben des hebräischen Alphabets erstmals im Jahre 1781 von Court de Gébelin gezogen worden war.

Doch was war das für eine Quelle, aus der Westcott seine Informationen gehabt haben wollte? Die Vermutung liegt nahe, daß dieses von ihm 1896 ins Feld geführte Dokument zu jenen Fälschungen gehörte, die 1888 den Golden Dawn als legitimen Erben der Rosenkreuzer ausweisen sollten.

Diese Urkunden werden nach wie vor von ihren heutigen Eigentümern unter Verschluß gehalten. Jedoch teilt Ellic Howe, der sie eingehend untersuchen durfte, interessanterweise darüber mit, daß sie »Andeutungen bezüglich der unterstellten Zuordnungen zwischen den 22 Wegen des kabbalistischen Baums des Lebens und den 22 Trümpfen des Tarot-

Spiels« ([61] S. 2) enthielten. Darüberhinaus konnte er nachweisen, daß Westcott an der Manipulation dieser Schriftstücke zumindest mitgewirkt hat.

Der Schlüssel zum Geheimnis der ›korrekten‹ Zuordnungen zwischen Tarot-Karten und Pfaden im Baum der Sefirot dürfte also wohl bei Westcott selbst liegen. Dafür spricht auch, daß er ein Kenner des *Sefer Yetzirah* war. Bereits im Jahre 1887 hatte er eine eigene Übersetzung dieses hebräischen Textes ins Englische angefertigt. Aller Wahrscheinlichkeit nach machte er sich dabei seine Gedanken, wie die 32 Wege der Weisheit und die Buchstabenmystik mit den Tarot-Karten in Übereinstimmung zu bringen seien. Das Ergebnis seiner Überlegungen plazierte er an strategisch wichtiger Stelle, nämlich in besagten Urkunden, mit denen er und die anderen Gründer des Golden Dawn sich ein Jahr darauf als Nachfolger der historischen Rosenkreuzer legitimierten.

Auf diese Weise wurde das Wissen um die ›korrekten‹ Zuordnungen zwischen Karten, Buchstaben und Pfaden in den Kanon der Ordenslehren übernommen. Sie zu erfahren sollte aber für immer ein Privileg der Eingeweihten bleiben, die alle absolute Verschwiegenheit geschworen hatten.

Auch nach der Spaltung des Golden Dawn behielten die Schweigegelübde zunächst ihre bindende Kraft. Es war Aleister Crowley, der sich als erster nicht mehr daran gebunden fühlte.

Man schrieb das Jahr 1909. Crowley war soeben von ritualmagischen Aktionen aus der Sahara zurückgekehrt – reich an übersinnlicher Erfahrung, doch arm an Anerkennung. Um seine Ideen einem breiteren Publikum zugänglich zu machen, gründete er unter Einsatz erheblicher Vermögensmittel eine eigene esoterische Zeitschrift. *The Equinox* – Untertitel: »Rundschau für wissenschaftlichen Illuminismus« – erschien in repräsentativer Aufmachung in Halbjahresbänden. Vornehmste Aufgabe dieses Organs war die gnadenlose Selbstfeier des ›Meisters Therion‹, d. i. Crowley selbst. Es waren jedoch zu diesem Zeitpunkt weniger die ihm eigentümlichen Aktivitäten, die die ersehnte Publicity brachten, als vielmehr eine gerichtliche Auseinandersetzung mit Mathers, der vergeblich versuchte, die Veröffentlichung der Rituale des Golden Dawn zu verhindern. ([94] S. 114)

Im Jahre 1912, im 8. Band von *The Equinox*, wurden endlich auch die Geheimnisse der magischen Karten enthüllt. Bei dem veröffentlichten Material handelte es sich im wesentlichen um eine Lehrschrift, die den fortgeschrittenen Eingeweihten des Ordens zum Studium des Tarot ausgehändigt worden war und unter ihnen den schlichten Titel *Buch T* trug ([35] S. 143–202; [107] Bd. 2, vol. 4, S.137–176; [145] S. 64–102). Nun endlich erfuhr die Welt – sofern sie an den Verlautbarungen des Meisters Therion interessiert war –, wie im Golden Dawn die Zuordnung der 22 großen Arcana des Tarot zu den Pfaden im Baum der Sefirot vorgenommen worden war.

Doch nachdem das große Geheimnis nun endlich gelüftet war, stellte sich eine ganz einfache Frage: Was konnte man mit diesem System anfangen? Denn bei aller Differenziertheit des dazugehörigen Lehrgebäudes ist und bleibt Tarot doch eine Angelegenheit grundlegend praktischer Natur. Sei es nun im Rahmen der Wahrsagerei oder religiöser Erbauung, man nähert sich diesen Karten nicht aus akademischem Interesse, sondern in kultischen Akten.

Wie es scheint, wurde mit der gewollten Verbindung der großen Arcana mit dem Baum der Sefirot aber wieder einmal der Punkt erreicht, an dem das seelenlose Theoretisieren überhandnimmt. In der gesamten Tarot-Literatur herrscht gerade dort ein auffälliges Schweigen, wo man eigentlich die erhellende Zusammenschau von mystischer Bedeutung der Pfade einerseits und Symbolik der ihnen zugeordneten Karten andererseits erwarten würde.

Bereits Éliphas Lévi schenkte bei seiner sefirotischen Deutung des Tarot den großen Arcana nur wenig Aufmerksamkeit. Diese Tendenz setzte sich im *Buch T* fort. Außer einer tabellarischen Übersicht finden wir dort nichts zu diesem Thema. In diesem Fall die Behauptung zu bemühen, die besten Teile der Lehre sollten verschleiert werden, wird niemandem einfallen. Schließlich war das *Buch T* ursprünglich ja nicht zur

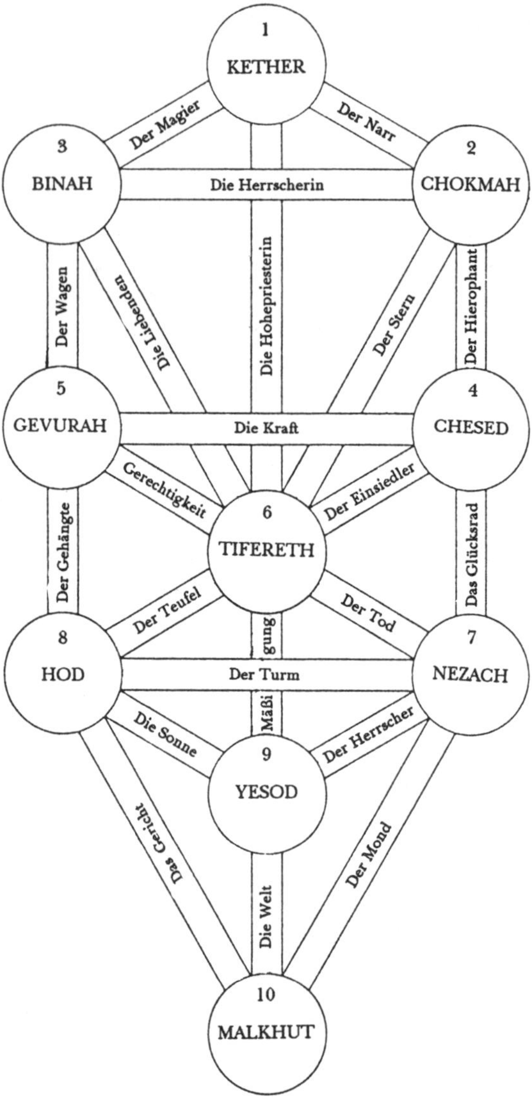

Abbildung 29. Grafische Darstellung der Zuordnung zwischen den großen Arcana und den ›Pfaden‹ im Baum der Sefirot, wie sie im Golden Dawn gelehrt wurde.

Veröffentlichung, sondern nur zum internen Gebrauch der Eingeweihten des Golden Dawn bestimmt.

Im Oktober 1908 hielt A. E. Waite vor seinen Anhängern einen aufschlußreichen Vortrag über das Verhältnis von großen Arcana des Tarot und Pfaden im Baum der Sefirot, der erst vor kurzem veröffenlicht wurde ([142]). Darin wird überdeutlich, daß es einen ganz schlichten Grund für die auffallende Enthaltsamkeit der Interpreten auf diesem Gebiet gibt:

Schon im Golden Dawn hatte niemand so recht zu sagen gewußt, wie der Symbolismus der großen Arcana auf wirklich überzeugende Weise in die Struktur des Baumes der Sefirot zu integrieren sei. Die Verknüpfung als solche war ein unumstößlicher Teil der Ordenslehre, aber nicht aufgrund einer einleuchtenden Begründung, sondern als eine Art Glaubensbekenntnis. Es waren nicht einmal die eigentlichen Beweggründe bekannt, warum gerade bestimmte Tarot-Karten in den Weiheritualen eingesetzt wurden, andere aber nicht. Waite schreibt:

»Wir haben zu entscheiden, ob die Zuordnung bestimmter Karten zu bestimmten Pfaden mit der Art und Weise des Fortschreitens durch die verschiedenen Einweihungsgrade angemessen zu erklären ist oder ob ihnen (den Karten) eine tiefere Bedeutung innewohnt, die die Art und Weise des Fortschreitens bestimmt.« ([142] S.162)

Seitdem die Lévischen Grundgedanken in einer verdeckten Operation des Dr. Westcott zu einem definitiven System ausgebaut und zum uralten Überlieferungsgut umdeklariert wurden, ist in der Tat wenig geschehen, um diesen Teil des kabbalistischen Tarot mit Sinn zu erfüllen. Mit dieser Tatsache gehen die einschlägigen Autoren auf ganz unterschiedliche Weise um.

Aleister Crowley nannte das Problem wenigstens beim Namen. Er ging sogar so weit, die Struktur des Pfadsystems zwischen den Sefirot selbst in Frage zu stellen:

»Warum gibt es von diesen (Pfaden) zweiundzwanzig? Weil es im hebräischen Alphabet zweiundzwanzig Buchstaben gibt, und jeder Buchstabe entspricht einem Pfad. Warum sollte dies so sein? Warum sollten die Pfade auf dem Baum auf die Art und Weise angeordnet sein, wie es die Zeichnung[40] zeigt? Warum sollte es keine Pfade geben, die die Zahlen 2 und 5 und die Zahlen 3 und 4 miteinander verbinden?« ([26] S. 43)

Was der Meister Therion offenbar nicht wußte, war, daß die kabbalistische Tradition durchaus eine Variante in der Darstellung des Baumes kannte, die gerade die von ihm vermißte Verbindung enthielt[41] doch rationale Zweifel an festgefügten Überzeugungen waren für einen Okkultisten aus der Generation Crowleys kein Grund, die Unanfechtbarkeit der heiligen Tradition – oder was er dafür hielt – in Frage zu stellen. Man wisse schließlich, »daß dies die althergebrachte Anordnung war.« (ebd.) Immerhin wurde ihm die Angelegenheit zum Problem.

Für Hans-Dieter Leuenberger hingegen gibt es hier gar keinen Erklärungsnotstand des kabbalistischen Tarot. Er versteht es sogar, aus der Not eine Tugend zu machen, indem er das Schließen der Lücken seiner eigenen Erkenntnis zur Angelegenheit der spirituellen Reifung seines Lesers erklärt:

»Die vertiefte Analyse der einzelnen Pfade ist dann eine Aufgabe, die deinem selbständigen Arbeiten vorbehalten bleibt. Da die zweiundzwanzig Verbindungspfade mit den großen Arcana des Tarot in Verbindung stehen, die wir als subjektive Erfahrung kennengelernt haben, ist dies ohne weiteres verständlich, denn nur du selbst hast den besten Zugang zu deinem subjektiven Erleben, zu deiner eigenen, individuellen Erfahrung.« ([76] 2. Bd., S. 322)

Heutzutage ist es eben nicht mehr das Bekenntnis zur heiligen Überlieferung, das auch die weniger gelungenen Überzeugungsversuche esoterischer Platzhirsche unangreifbar macht, sondern ihr Geschick, der unstillbaren Sehnsucht nach Selbsterfahrung und Lebenshilfe die Erfüllung in Aussicht zu stellen.

40 Vgl. Abbildung 29.

41 Die in Mantua 1562 erschienene Ausgabe des *Sefer Yetzirah* enthält ein Schaubild, auf dem auch die zweite und fünfte, sowie die dritte und vierte Sefirah miteinander verbunden sind. (Vgl. [71] S. 105)

Da die Lehre von der Übereinstimmung zwischen den großen Arcana und den Pfaden im Baum der Sefirot im Grunde recht inhaltsarm blieb, verlagerte sich das Interesse der Tarot-Interpreten von den großen auf die kleinen Arcana. Der Stabilität des magischen Kartenhauses tat das aber keinen Abbruch. Seine immer kunstvoller gestaltete Architektur gewann dadurch eher noch an Ausgewogenheit.

Bevor die Tarot-Karten zum Gegenstand kabbalistischer Interpretation wurden, spielten die kleinen Arcana praktisch keine Rolle als esoterisches Sinnsystem, sondern lediglich als Arbeitsmittel der Kartomantie. Ihnen wurde zwar divinatorisch, nicht aber spirituell Bedeutung beigemessen. Bezeichnenderweise verzichteten de Guaïta und Wirth ganz darauf, diese Kartengruppe in ihre Tarot-Edition einzubeziehen. Allein Papus hatte ihr mehr als nur oberflächliche Aufmerksamkeit geschenkt.

Jedoch erst im Golden Dawn wurde sie mit esoterisch-psychologischen Inhalten versehen. Man muß sich einmal vergegenwärtigen, daß die Fülle der durchgehend illustrierten Tarot-Kartenblätter zum allergrößten Teil ein Produkt der letzten 20 Jahre ist! Westcott, Mathers, Crowley und Waite hatten bei den kleinen Arcana des Tarot keine Bilder vor sich, sondern nur Karten, auf denen Zahlen und die gängigen Spielfarbenzeichen vermerkt waren. Solchen kreativen Geistern bot gerade diese Kartengruppe also noch verlockende Möglichkeiten der symbolrischen Ausgestaltung.

Aufgrund struktureller Gemeinsamkeiten mit dem kabbalistischen Weltenbaum – hier zehn Sefirot, da viermal zehn Zahlenkarten – konnte eine Verknüpfung zwanglos hergestellt werden. Um die korrekten Zuordnungen hat es nie Streit gegeben. Seit Éliphas Lévi gilt, die vier Asse gehören zur Sefirah 1 (Keter), die vier Zweier zur Sefirah 2 (Chockmah) usw. bis zu den vier Zehnern, die der Sefirah 10 (Malkhut) entsprechen.

Es war Mathers, der die Chance erkannte und nutzte, eine komplexe Entsprechungslehre zwischen den kleinen Arcana und kabbalistischem, alchemistischem sowie astrologischem Material auf eine Leinwand zu projizieren, die seit Éliphas Lévi bereits die Umrisse des Baums der Sefirot zeigte.

Entsprechend den vier Spielfarben mußte eine Beziehung zu solchen esoterischen Lehren sichergestellt werden, die vier kosmische Gestaltungsprinzipien unterstellen. Im Zusammenhang mit dem Baum der Sefirot boten sich gleich drei Möglichkeiten an: Das Tetragrammaton – wie schon von Lévi erkannt und durch Papus weitergeführt –, die alchemistische Lehre von den vier Elementen Feuer, Wasser, Erde und Luft als Grundbausteinen des Weltganzen und die Vorstellung von den vier kabbalistischen Welten im Baum der Sefirot.

Der jeweilige symbolische Gehalt eines kleinen Arcanums ergab sich nun aus einer bestimmten Konstellation der mystischen Kräfte eines Elements, eines Buchstabens des göttlichen Namens und der Position im Baum der Sefirot. Hinzu kam noch eine astrologische Komponente, indem jeder Zahlenkarte ein Planet und ein Sternzeichen zugeeignet wurde. Die dahinterstehende Systematik ist weder eine Erfindung von Mathers noch ein Teil uralter astrologischer Überlieferung, wie Wang ([145] S. 30) und Colquhoun ([22] S. 256) glauben machen möchten. Sie stellt vielmehr eine Ableitung aus dem astrologischen Tarot Paul Christians dar.[42]

In der mittlerweile zweihundertjährigen Geschichte der Tarot-Esoterik stellt das *Buch T* einen Höhepunkt dar. Darin wird nicht mit üppigen Bildern oder phantastischen Geschichten okkultistischer Budenzauber getrieben. Es wird ein System von Funktionen und Beziehungen geschaffen, eine Art Materiallager der Symbole und Entsprechungen, mehr Form als Inhalt, kein belehrendes Programm, sondern eher eine Sprache, die des differenzierten und abgestuften Ausdrucks fähig ist. An intellektueller Verwegenheit steht die spekulative Grundlage dieser Gedankenwelt dem französischen Tarot-Okkultis-

[42] Vgl. zu diesem Punkt das Schaubild in [98] S. 197. Auf Einzelheiten des Gesamtsystems kann hier nicht eingegangen werden. (Vgl. dazu [107], [26], [145], [76] Bd. 2.) Im Hinblick auf die Zuordnungen zwischen großen Arcana aund Pfaden im Baum der Sefirot distanziert sich Leuenberger von den Angaben des *Buches T* und folgt seinerseits – unter geringfügigen Änderungen – dem Modell Winckelmanns. ([150] S. 27)

mus in nichts nach. Doch dessen Vertreter, von Court de Gébelin bis Papus, vermochten das wuchernde Gestrüpp ihrer Visionen nie überzeugend zu strukturieren, um ein organisches Ganzes erkennbar werden zu lassen, das als Substanz und Kern der Tarot-Esoterik gelten konnte.

In seinem Bestreben, visionäre Schau mit denkerischer Präzision zu verbinden, alles zu ordnen und – wenn möglich – in Strukturen zu erfassen, erweist sich Mathers zumindest dem Geiste nach als wahrer Kabbalist. Es wird, bei aller Irrationalität des Ansatzes, nahezu mit wissenschaftlicher Genauigkeit operiert. In der Welt des Tarot hat Mathers mit seiner durchdachten Systematik Maßstäbe gesetzt. Ohne das ›Buch T‹ wäre Tarot heute wohl ein mehr oder weniger vergessener Teil der okkultistischen Modeströmung des 19. Jahrhunderts. Denn dieses in knappen Worten abgefaßte Traktat liefert das ideologische Verbindungsglied zwischen der französischen Tarot- Schule und der Begeisterung für das Kartenlegen, die seit den 60er Jahren unseres Jahrhunderts ungeahnt heftige Formen angenommen hat.

Wie es sich für eine bedeutende Mysterienschule gehört, haben die Verwalter des geistigen Erbes des Golden Dawn längst sich selbst ernannt. Der Amerikaner Robert Wang hat dabei die Rolle übernommen, den Tarot zu erläutern. Höhepunkt seines Schaffens ist ein Kartenspiel, das er als »das erste und einzig echte esoterische Tarot-Kartenblatt, das jemals veröffentlicht wurde« ([145] S. 24) verstanden wissen will. Für seine Gestaltung im wahren Geist des Golden Dawn verbürgt sich Israel Regardie, der im mitgelieferten Begleitheft von Stuart R. Kaplan als »wahrscheinlich heute der führende Autor/Gelehrte auf dem Gebiet des Okkultismus« bezeichnet wird.

Ob der Name Regardie dabei unbedingt als Empfehlung zu betrachten ist, dürfte von anderer Seite allerdings zurückhaltender beurteilt werden. Den Golden Dawn lernte Israel Regardie (1907–1985) selbst nicht mehr kennen. Von 1928 bis 1931 stellte er sich Crowley als unbezahlter Privatsekretär zur Verfügung. Er war jedoch, wie so mancher andere auch, den

Streßfaktoren einer Existenz im unmittelbaren Umfeld des ›Großen Tieres‹ nicht in jeder Beziehung gewachsen.

Die in Ausübung seiner Tätigkeit erlittenen Traumata mußte er später mit Hilfe einer Psychotherapie bearbeiten. In den 30er Jahren wurde Regardie einer der emsigsten Spätberufenen des Golden Dawn-Kultes in England und Amerika. 1934 trat er in Bristol der *Stella Matutina*, einer der Nachfolgeorganisationen des Golden Dawn, bei.

Ab 1937 begann er in den USA, das ihm bekannt gewordene Ordensmaterial gegen den Willen seiner englischen Mitstreiter zu veröffentlichen. Da seine Schriften ein breites Publikum erreichten, war nun auch jenen Splittergruppen das Wasser abgegraben, die als Geheimgesellschaften Ritus und Lehre des Golden Dawn weiterführen wollten. Naturgemäß wird Regardies Vorgehen äußerst kontrovers beurteilt. Für die einen dienten seine Enthüllungen der Selbstdarstellung, für die anderen rettete er das Vermächtnis des Ordens aus unberufenen Händen.

Wang teilt mit, daß Regardie in den 30er Jahren ein von der *Stella Matutina* aufbewahrtes Tarot-Spiel abgezeichnet habe. Seine Vorlage sei einem von Mathers selbst entworfenen Tarot nachempfunden gewesen. In Zusammenarbeit mit Regardie will Wang nun in einer »sehr sorgfältigen archäologischen Rekonstruktion« ([145] S. 24) diesen Tarot wiederhergestellt haben.

Hier kommt ein dunkler Punkt der Golden Dawn-Saga ins Spiel, der noch heute für Verwirrung sorgt: der ›verlorene‹ Tarot des Samuel Liddel Mathers. Den Legenden, die sich darum spinnen, liegt eine oft gestellte Frage zugrunde: Was für Karten benutzten die Mitglieder des ursprünglichen Golden Dawn?

Meist wird als selbstverständlich vorausgesetzt, daß mindestens ein vollständiges Kartenblatt existiert habe, dessen Ikonographie die Symbolik der Tarot-Lehre des Ordens enthalten habe. Solche Karten wurden aber nie aufgefunden. Daraus zog man jedoch keineswegs den Schluß, daß es sie möglicherweise gar nicht gegeben hat. Ganz im Gegenteil:

»Die Originalkarten des Ordens sind (deshalb) nicht mehr vorhanden, weil sie den Mitgliedern zum Abzeichnen ausgehändigt wurden und infolgedessen niemals als vollständiges Kartenblatt (gedruckt) erschienen.« ([136] S. 47)

Da im Laufe der Jahrzehnte aus den Nachlässen der Ordensmitglieder eine Unmenge magischer Requisiten, Notizen und auch Zeichnungen zum Vorschein kamen, sollte man doch erwarten, daß sich darunter auch Tarot-Karten befanden. Das ist tatsächlich der Fall. Immer jedoch handelte es sich dabei um herkömmliche, gedruckte Tarot-Karten des 19. Jahrhunderts, seien sie französischer oder italienischer Herkunft. Darüberhinaus wurden in Notizbüchern aus dem Besitz von Mathers und in der allgemeinen Hinterlassenschaft des Ordens Skizzen einiger großer Arcana entdeckt. Es ist allerdings nicht anzunehmen, daß sie als Vorlagen zur Anfertigung eines Kartenspiels, sondern eher jener Bildnisse von Tarot-Motiven dienten, die im Mittelpunkt der Initaitionsriten standen. Ist der Tarot des Golden Dawn als gedankliche Konzeption auch noch so einflußreich geworden, in Form eines Kartenspiels hat es ihn mit an Sicherheit grenzender Wahrscheinlichkeit nicht gegeben.

Auch Wang und Regardie, die das Gegenteil beweisen wollten, konnten nur die im Schrifttum des Ordens niedergelegte gedankliche Konzeption Mathers' über den Tarot auswerten, um daraus Anhaltspunkte für die Gestaltung ihres eigenen Kartenspiels zu gewinnen. Außerdem wurden die von Kathleen Raine erstmals 1972 veröffentlichten Skizzen aus Mathers' Notizbüchern (vgl. Abbildung 30) von ihnen zu farbigen Darstellungen umgearbeitet.

Eine wohlwollende Einschätzung dieses Unternehmens, den Tarot des Golden Dawn als Kartenspiel aus der Taufe zu heben, könnte zu seiner Entschuldigung vielleicht ins Feld führen, was ein wirklicher Kenner der Geschichte, Organisation und Lehre des Ordens über Enthüllungen dieser Art zu sagen hat:

»Okkultisten, die sich in der historischen Analyse des Golden Dawn versuchten, wurden stets durch den Überfluß an

Gerüchten einerseits und den Mangel an authentischer Dokumentation andererseits gehandicapt.« ([46] S. X)

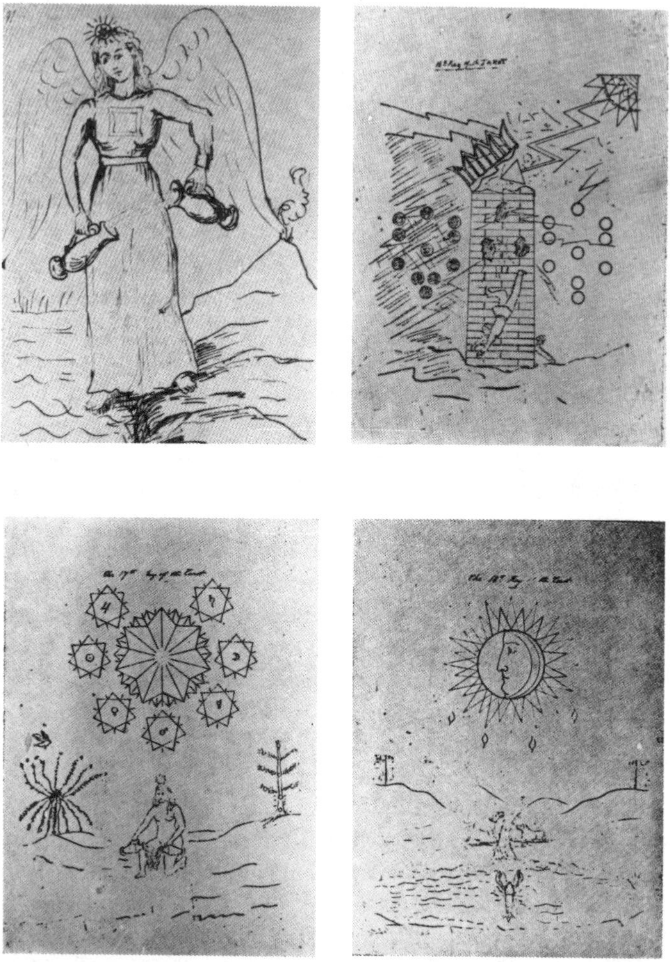

Abbildung 30. Vier Skizzen großer Arcana aus dem Nachlaß des Golden Dawn; aus [105]. (V. l. n. r.) Oben: Die Mäßigkeit, Der Turm; unten: Der Stern, Der Mond.

Kritisch betrachtet drängt sich jedoch der Eindruck auf, daß es Wang, Kaplan und Regardie möglicherweise auch darum ging, inmitten der unüberschaubaren Fülle moderner und ultramoderner Tarot-Editionen diesem Kartensatz durch den Namen des Golden Dawn den Anschein des Besonderen zu geben. Tarot ist mittlerweile eben zu einem beachtlichen Geschäft geworden, ein Umstand, der nicht zuletzt der publizistischen Tätigkeit des amerikanischen Spielegrossisten Stuart R. Kaplan zu verdanken ist. Kaplan gilt in den Augen der interessierten Laienschaft als führender Tarot-Experte, verdient aber auch an fast jedem neu veröffenlichten Tarot-Spiel mit.

Offensichtlich ist das Produkt Wangs und Regardies vom Publikum jedoch nicht in dem Maße angenommen worden, wie es sich seine Urheber vielleicht gewünscht haben. Wer sich dem Tarot im Geiste des Golden Dawn nähern will, greift in aller Regel zu einem anderen Handwerkszeug.

Auch Aleister Crowley – von Ellic Howe mit typisch britischem Humor als ›Sproß des Golden Dawn, doch sicher nicht sein Lieblingskind‹ charakterisiert – ließ seine Version der magischen Karten anfertigen und versah sie mit einer Erklärungslehre, deren Bestandteile weitgehend dem *Buch T* entnommen sind ([26]). Ihre Veröffentlichung erfolgte jedoch unter ganz anderen Vorzeichen als bei Regardie und Wang. Es hätte auch kaum dem Selbstbild eines Mannes entsprochen, der sich als Logos des Äons betrachtete, seine Tarot-Philosophie als einfache Bearbeitung der Lehren von S. L. Mathers darzubieten. Die Quelle der Inspiration soll in diesem Falle ein außerirdisches Wesen namens *Aiwass* gewesen sein, von dem Crowley 1904 in Kairo auf medialem Wege gewisse unvermeidliche Korrekturen in der Anordnung der großen Arcana erfahren haben wollte.

Es hat sich bis heute wenig herumgesprochen, wer den vielgerühmten symbolischen Reichtum der Crowleyschen Karten in Wahrheit anhäufte. Zu Recht befindet Ralph Tegtmeier, eine wichtige theoretische Grundlage dafür sei das von Crowley 1909 veröffentlichte *Liber 777* (Buch 777). Dieses

Werk, von Tegtmeier zur »gewaltigen Enzyklopädie geheimwissenschaftlichen Weistums« ([134] S. 132) hochgelobt, ist jedoch nur zum Teil das Werk Crowleys. In Wirklichkeit ist es eine Erweiterung des *Book of Correspondences* (Buch der Entsprechungen), eines Manuskriptes, das im Golden Dawn den Adepten zum Selbststudium ausgehändigt und von Westcott und Mathers gemeinschaftlich verfaßt worden war (vgl. [22] S. 104 f.). Crowley erhielt davon eine Abschrift, versah sie 1909 mit einer Einführung und Anmerkungen und gab das Ganze in Druck.

Es war also nicht einmal die Unwahrheit, wenn er sich anläßlich der Veröffentlichung rühmte, dieses Buch innerhalb einer einzigen Woche und ohne Zuhilfenahme von Sekundärliteratur fertiggestellt zu haben. Bei seinen Anhängern, die die wahren Hintergründe nicht kannten, brachte ihm diese Leistung die allergrößte Hochachtung ein.

Einen eigenen Tarot gab der Meister Therion jedoch erst im Jahre 1944 heraus, nachdem er mit Hilfe von Lady Frieda Harris, die seine Vorstellungen künstlerisch verwirklichte, neue Gestaltungen der 78 Karten vorlegen konnte. Nichts an der traditionellen Bilderwelt des Tarock-Spiels ist

Abbildung 31. Aleister Crowley und Lady Frieda Harris, die Malerin des Crowley-Tarot (um 1940).

hier unverändert geblieben. Die großen und kleinen Arcana des Tarot sind damit zu wahrhaften Pop-Ikonen gereift, die ihren festen Platz in den kultischen Akten der Wassermann-Weisheitskultur beanspruchen dürfen.

Noch ein weiteres Mitglied des Golden Dawn sorgte dafür, Tarot endgültig als Tragpfeiler des grenzwissenschaftlichen Weltbildes für das neue Zeitalter zu befestigen. Arthur Edward Waite (1857–1942) war gewiß eine Persönlichkeit von anderem Zuschnitt als Mathers und Crowley. Statt sich mit dem Glamour des Magiers zu umgeben, baute er auf die Macht gelehrten Wissens.

Im Gegensatz zu anderen Okkultisten war Waite durchaus in der Lage, seine Spekulationen auf gesicherten Erkenntnissen der Geschichtswissenschaft, eingehendem Quellenstudium und rationaler Argumentationsweise aufzubauen. Dementsprechend scharf war seine Kritik an Kollegen, die als Ideenjäger im Reich der geheimen Mächte wilderten, um ihrer eigenen okkulten Traumreise den Anschein authentischer Überlieferung zu geben. Aber auch Waite war unbeirrbar im Glauben an die immerwährende geheime Erlösungslehre, die im Untergrund der Geistesgeschichte von Eingeweihten bewahrt worden sei.

Natürlich konnte er für die Richtigkeit dieser Überzeugung keinerlei Beweise erbringen. Infolgedessen durchzieht seine Darstellungsweise eine tiefe Zwiespältigkeit. Einerseits überzeugt er mit nachvollziehbarer Argumentationsweise und sauberen Quellennachweisen, so daß der Leser in die Lage versetzt wird, seine Behauptungen nachzuprüfen. Andererseits ergeht er sich in dunkler, mehrdeutiger Ausdrucksweise und vermittelt gezielt den Eindruck, noch eine ganze Menge zu wissen, ohne es jedoch sagen zu dürfen. Ein geradezu exemplarischer Fall für dieses Hin- und Hergerissensein zwischen Aufklärung und Mythos sind seine Schriften zum Tarot.

Im allgemeinen gilt Waite als Vertreter jener Betrachtungsweise, für die Tarot ein so tiefes Mysterium ist, daß damit Wahrsagerei zu treiben einer Gotteslästerung gleichkommt. »Der echte Tarot ist reine Symbolik« ([143] S. 14) schreibt er,

Abbildung 32. A. E. White (1857–1942)

und die divinatorische Verwendung der großen Arcana sei »die Geschichte einer fortgesetzten Unverschämtheit.« ([143] S. 160) 1886 trat er erstmals als Förderer des spirituell geläuterten Kartenlegens hervor, indem er eine Auswahl aus Lévis Schriften in englischer Übersetzung veröffentlichte ([141]).

1889 allerdings machte er inkognito seine Leser mit ganz anderen Gesichtspunkten der Materie vertraut. Unter dem Pseudonym Grand Orient verfaßte er *The Handbook of Cartomancy* (Handbuch der Kartomantie), ein Lehrbuch des Kartenlegens, das unverblümt den Erfordernissen der Wahrsagerei Rechnung trug. Es stellte im wesentlichen die Umarbeitung eines amerikanischen Wahrsage-Handbuchs dar, das 1865 als *The Future Foretold by the Stars* erschienen war ([48] S. 138). Waite konnte sehr gut das Autorenhonorar für dieses mehrfach aufgelegte Buch gebrauchen, nicht aber den Ruf, den es ihm einbringen mußte, wenn er es unter seinem eigenen Namen veröffentlicht hätte.

Im Jahre 1910 erschien *The Key to the Tarot*, jenes Werk, mit dem Waite seinen Ruhm als einer der bedeutendsten Interpreten des Tarot begründete. Schon 1911 erneut aufgelegt, trägt es seitdem den Titel *The Pictorial Key to the Tarot* (Der Bilderschlüssel zum Tarot). Darin rechnete er mit all seinen Vorgängern ab, die für den Wildwuchs der Spekulationen um Alter und Herkunft des Tarot verantwortlich waren.

Er versichert, daß die Geschichte der europäischen Spielkarten nicht weiter zurückreichte als bis ins 14. Jahrhundert und räumt ein, daß es für die Verwendung des Tarot zum Wahrsagen vor der Zeit Court de Gébelins keinerlei Beweise gibt. Darüberhinaus teilt er mit, daß die Zigeuner vor der Mitte des 19. Jahrhunderts keinen Gebrauch von den Tarot-Karten gemacht haben. Keine guten Zensuren erhalten, wie sich denken läßt, Court de Gébelin, Éteilla, Lévi und Papus für ihre systematische Verschleierung dieser historischen Fakten.

Nachdem der Aufklärer Waite das magische Kartenhaus seiner mythischen Fundamente beraubt hat, verhindert der Okkultist Waite jedoch mit aller Entschlossenheit seinen Einsturz, indem er die ganze Konstruktion auf die Grundlage von Legenden stellt. Er behauptet unverdrossen:

»Nichtsdestoweniger verbleibt die Tatsache, daß in Bezug auf den Tarot eine geheime Tradition existiert.« ([143] S. 14)

Die erbarmungslose Kritik an seinen Vorgängern diente nur dazu, den Boden zu bereiten, damit er auf seine Art und Weise den Kreuzzug für den Mythos Tarot führen konnte. Waite erblickte den historischen Kern der Legenden über den Ursprung des Tarot in einem Winkel mittelalterlicher Religionsgeschichte, in den tatsächlich keiner seiner Vorläufer geblickt hatte. Für ihn stand fest, daß die Bilder und Symbole der Tarot-Karten »Gralsembleme repräsentieren und albigensischen Ursprungs sind.« ([143] S. 16)

Damit war auch er in den Kreis derer eingekehrt, die die romantische Idee einer spirituellen Gegenwelt zum Kirchenglauben hegen, die mit Hilfe der magischen Karten seit Urzeiten kosmische Mysterien bewahrt habe.

Angeregt von seinem Freund, dem Romancier Arthur Machen (1863–1947), begeisterte Waite sich für den Mythos vom Heiligen Gral. Im Zusammenhang mit dieser Überlieferung maß er der von der Papstkirche verfolgten neumanichäischen Sekte der Albigenser (12./13. Jahrhundert) große Bedeutung zu. Diese Gedankenwelt entsprach seiner eigenen, christlich getönten Religiosität mehr als die heidnische Magie des Golden Dawn.

Kennzeichnet Waites Haltung in der Frage der historischen Ursprünge des Tarot schon eine gewisse Doppelbödigkeit, so hat er gegenüber dem Tarot-System des Golden Dawn gar zwei grundverschiedene Positionen bezogen.

Noch im Jahre 1908 vertrat er engagiert die Auffassung, daß die Zusammengehörigkeit von Tarot und Baum der Sefirot unbezweifelbar sei (vgl. [142]). Den entgegengesetzten Standpunkt nahm er jedoch in seinem letzten Werk ein, der Autobiographie *Shadows of Life and Thought* (1938). Plötzlich finden sich erdrückende Beweise dafür, daß dieser Lehre eine große Unkenntnis der wahren Kabbala zugrundeliegt. Mit messerscharfer Argumentation zerreißt er den ›kabbalistischen Tarot‹ förmlich in der Luft.

Der Mann gibt also manches Rätsel auf. Hat er seine Leser jahrzehntelang zum Narren gehalten? Oder ist der radikale Wandel seiner Meinung Ausdruck einer inneren Distanzierung gegenüber der bisweilen ans Kuriose grenzenden Verehrung jener bunten Pappdeckel, die zu modernen Ikonen stilisiert werden?

Wie dem auch sei – es entsprach ganz der Art und Weise des Arthur Edward Waite, okkulte Mythen mit kaltem Verstand zu entzaubern, doch dabei stets ein Hintertürchen für den Zugang zu den Sakramenten erlösender Wissenschaft offenzuhalten:

»Wir haben also damit zu leben, daß es keinen allbekannten, autoritativen Interpretationskanon der Tarot-Symbolik gibt. Deshalb ist der Weg frei, in der Tat so frei, daß es ins Benehmen eines jeden meiner Leser gestellt ist, eine völlig neue Erklärung zu geben, ohne sich an früheren Experimenten zu orientieren. Aber dies ist ein Wagnis, bei dem er oder sie selbst das Risiko trägt, ob es gelingt, daß dabei eine durchweg ausgewogene Interpretation entsteht.« ([144] S. 194)

Im Jahre 1910 beauftragte Waite die junge amerikanische Malerin Pamela Colman Smith, ein sonst kaum bekannt gewordenes Mitglied des Golden Dawn, unter seiner Anleitung den Tarot umzuzeichnen. Das Ergebnis war ein Kartenblatt, das unter der Bezeichnung *Rider-Waite-Tarot*[43] Geschichte gemacht hat. Es war der erste komplette Tarot seit Éteilla, der eigens für esoterische Zwecke geschaffen wurde und der allererste überhaupt, bei dem auch die kleinen Arcana durchweg mit Bildern illustriert wurden.

Puristen der Tarot-Kultur haben nicht mit Kritik daran gespart. Das Publikum hat jedoch längst sein Urteil gesprochen. Mehr als alles andere trug die beispiellose Verbreitung dieser Karten dazu bei, daß die Faszination am Tarot immer mehr Menschen ergriff. Vielleicht ist für ihre außerordentliche Beliebtheit nicht zuletzt etwas verantwortlich, was in den Augen eingeschworener Spezialisten ihren Makel ausmacht, nämlich der Allerweltscharakter ihrer Motive.

Wer es immer noch nicht glauben mag, daß das Kartenlegen nichts, aber auch gar nichts mit okkulter Skurrilität zu tun hat, der wird durch den Anblick der Tarot-Karten Arthur Edward Waites eines Besseren belehrt. In helle, lichte Farben getaucht, mit unschuldigen Mienen und unaufdringlichem Charme verbreiten die darauf versammelten Gestalten eine überaus entspannte Stimmung. In ihrer Gegenwart wird sich kein Geist bei Nacht und Graus über die Grenze zum Jenseits schleichen wollen.

Der ›Magier‹ hat nichts mehr von einem faustischen Schwarzkünstler an sich, sondern dürfte ohne weiteres als romantisch angehauchtes Blumenkind durchgehen. Und die ›Herrscherin‹ beunruhigt trotz beeindruckender Erscheinung gewiß nicht durch feministisches Engagement. Auch wer ›Hohepriesterin‹ und ›Hierophant‹ hier als Amtsträger einer ketzerischen Mysterienreligion auffaßt, der entlarvt angesichts der Arglosigkeit, die beiden ins Gesicht geschrieben steht, nur die eigene Gedankenwelt als heidnisch. Selbst ›Tod‹ und ›Teufel‹, mehr liebenswürdige Karikaturen ihrer selbst als ein-

[43] Rider & Co. war das Verlagshaus, das die Karten herausbrachte.

dringliche Erinnerung an schaurige Urgewalten, ist aller Schrecken genommen. Und wer wollte den ›Liebenden‹ trotz ihrer Nacktheit Frivolität unterstellen? Sie scheinen an Reinheit der Gedanken doch nur mit dem Engel der ›Mäßigkeit‹ zu wetteifern.

So sind denn die Bilder des Tarot zu bildhaften Prototypen einer Charakterologie geworden, die weder verletzt noch verwirrt, sondern nur ein gelungener Ausdruck des frommen Wunschdenkens von Millionen ist. Daß Millionen von Käufern weltweit gerade durch diese Karten angeregt werden, einmal alle rationalen Bedenken über Bord zu werfen und mit ihrer Hilfe die Geheimnisse der Zukunft und des Kosmos zu ergründen, ist wieder ein anderes Kapitel in der unendlichen Geschichte des Tarot.

Bibliographie

[1] Agrell, Sigurd: Die pergamenische Zauberscheibe und das Tarockspiel. In: Årsberättelse 1935–36, S. 59–190. Lund 1936. (Bulletin de la Société des Lettres de Lund 1935–36)

[2] Agrippa von Nettesheim (Cornelius, Heinrich): De incertitudine et vanitate omnium scientiarum et artium. Antwerpen 1530.

[3] –: Die Eitelkeit und Unsicherheit der Wissenschaften und die Verteidigungsschrift. [Übers. und] hg. von Fritz Mauthner. 2 Bde., Wiesbaden 1969 (München 1913). (Bibliothek der Philosophen 5, 8)

[4] –: Magische Werke, sammt den geheimnißvollen Schriften des Petrus von Abano, Pictorius von Villingen... [u. a.]. 5 Bde., Berlin 1921. [4. Aufl. von Teil 7–11 des *Kleinen Wunderschauplatzes der geheimen Wissenschaften, Mysterien*... [usw.], hg. von Johann Scheible, Stuttgart 1855]

[5] D' Allemagne, Henry-René: Les Cartes à jouer du XIVe au XXe siècle. 2 Bde., Paris 1906.

[6] Anomymus: Antoine Court de Gébelin. In: Biographie universelle, ancienne et moderne, 10. Bd., Paris 1813, S. 105–9.

[7] Arnold, Hermann: Die Zigeuner. Herkunft und Leben der Stämme im deutschen Sprachgebiet. Olten 1965.

[8] Arnsberg, Paul: Von Podolien nach Offenbach. Die jüdische Heilsarmee des Jacob Frank. Offenbach 1965. (Hg. vom Offenbacher Geschichtsverein)

[9] Bächtold-Stäubli, Hans; Hoffmann-Krayer, Eduard: Handwörterbuch des deutschen Aberglaubens. (10 Bde.) Berlin 1987 (1927–42).

[10] Banzhaf, Hajo: Tarot-Spiele. Methodik – Legesysteme – Deutungsbeispiele. München 1988.

[11] Benz, Ernst: Franz Anton Mesmer und seine Ausstrahlung in Europa und Amerika. München 1976. (Abhandlungen der Marburger Gelehrten Gesellschaft, Jg. 1973, Nr. 2)

[12] Biedermann, Hans: Handlexikon der magischen Künste von der Spätantike bis zum 19. Jahrhundert. Graz 1986 (1968).

[13] Birven, Henri: Der Tarot. Gelnhausen 1960.

[14] Block, Martin: Zigeuner. Ihr Leben und ihre Seele. Leipzig 1936.

[15] Boiteau d'Ambly, Paul: Les Cartes à jouer et la cartomancie. Paris 1854.

[16] Bölsker-Schlicht, Franz: Karl August Freiherr von Malchus. In: Neue deutsche Biographie, hg. von der Historischen Kommission bei der Bayerischen Akademie der Wissenschaften, 15. Bd., Berlin 1987, S. 724–26.

[17] Breitkopf, Johann Gottlieb Immanuel: Versuch, den Ursprung der Spielkarten, die Einführung des Leinenpapiers und den Anfang der Holzschneidekunst in Europa zu erforschen. Erster Theil, welcher die Spielkarten und das Leinenpapier enthält. Leipzig 1784.

[18] Das Buch vom Aberglauben. Leipzig 1791.

[19] Bürger, Evelin; Fiebig, Johannes: Tarot – Spiegel Deiner Möglichkeiten. Bonn 1986 (1984).

[20] Chacornac, Paul: Éliphas Lévi. Paris 1926.

[21] Christian, Paul (Pitois, Jean Baptiste): The History and Practice of Magic. Translated by James Kirkup and Julian Shaw, edited by Ross Nichols. London 1952 (Paris 1870).

[22] Colquhoun, Ithell: Sword of Wisdom. MacGregor Mathers and ›The Golden Dawn‹. London 1975.

[23] Court de Gébelin, Antoine: Monde primitif, analysé et comparé avec le monde moderne. (Huitième livraison) Paris 1781.

[24] –: Lettre de l'auteur du monde primitif à Messieurs ses souscripteurs. Paris 1783.

[25] –: Über den allegorischen Geist des Alterthums. Nach dem Französischen von Adam Weishaupt. Regensburg 1794.

[26] Crowley, Aleister: Das Buch Thot. Eine kurze Abhandlung über den Tarot der Ägypter. Waakirchen 1988 (1981; London 1944).

[27] –: 777 and other Qabalistic Writings of Aleister Crowley. Edited with an Introduction by Israel Regardie. New York 1977 (London 1909).

[28] Darnton, Robert: Der Mesmerismus und das Ende der Aufklärung in Frankreich. Frankfurt 1986 (Cambridge, Mass., 1968).

[29] Döllinger, Johann: Die Papstfabeln des Mittelalters. Stuttgart 1890 (1863).

[30] Dornseiff, Franz: Das Alphabet in Mystik und Magie. Leipzig 1922.

[31] Douglas, Alfred: Ursprung und Praxis des Tarot. Köln 1986 (Harmondsworth 1972).

[32] Dummett, Michael: The Game of Tarot from Ferrara to Salt Lake City. London 1980.

[33] Eliade, Mircea: Das Okkulte und die moderne Welt. Zeitströmungen aus der Sicht der Religionsgeschichte. Salzburg 1978.

[34] Ellerhorst, Paul: Prophezeiungen über das Schicksal Europas. Visionen berühmter Seher aus 12 Jahrhunderten. München o. J. [1951].

[35] The Equinox. The Official Organ of the A[strum] A[rgentinum] – The Review of Scientific Illuminism. Vol. I, No. VIII, New York 1972 (London 1912).

[36] Étteilla (Alliette): Manière de se récréer avec le jeu de cartes nommées Tarots. Premier cahier, Amsterdam 1783.

[37] Faivre, Antoine: Kirchberger et l'illuminisme du 18ème siècle. La Hague 1966. (Archives internationales d'idées 16)

[38] Fennelly, Laurence W.: Yeats and S. L. MacGregor Mathers. In: Yeats and the Occult. Ed. by George Mills Harper. London 1975, S. 285–306. (Yeats Studies Series)

[39] Fowden, Garth: The Egyptian Hermes. A Historical Approach to the Late Pagan Mind. Cambridge 1986.

[40] Franck, Adolphe: Die Kabbala oder die Religions-Philosophie der Hebräer. Aus dem Französischen übersetzt, verbessert und vermehrt von Ad. Gelinek. Leipzig 1844 (Paris 1843).

[41] Frère, Jean-Claude: L'Occultisme. Anthologie des grands textes occultes. Paris 1974. (Histoire des personages mystérieux et des sociétés secrètes)

[42] Frick, Karl H.: Die Erleuchteten. Gnostisch-theosophische und alchemistisch-rosenkreuzerische Geheimgesellschaften bis zum Ende des 18. Jahrhunderts – ein Beitrag zur Geistesgeschichte der Neuzeit. Graz 1973.

[43] –: Licht und Finsternis. Gnostisch-theosophische und freimaurerisch-okkulte Geheimgesellschaften bis an die Wende zum 20. Jahrhundert, Teil 2. Graz 1978.

[44] –: Die Satanisten. Materialien zur Geschichte der Anhänger des Satanismus und ihrer Gegner. Graz 1985.

[45] Gilbert, R. A. (Hg.): The Sorcerer and His Apprentice. Unknown Hermetic Writings of S. L. MacGregor Mathers and J. W. Brodie-Innes. Wellingborough 1983.

[46] –: The Golden Dawn Companion. A Guide to the History, Structure and Workings of the Hermetic Order of the Golden Dawn. Wellingborough 1986.

[47] – (Hg.): Hermetic Papers of A. E. Waite. The Unknown Writings of a Modern Mystic. Wellingborough 1987.

[48] –: A. E. Waite. Magician of Many Parts. Wellingborough 1987.

[49] Glahn, A. Frank: Das deutsche Tarotbuch. Die Lehre von Weissagung und Wesenheit – Drei Stufen der Einweihung. Freiburg 1958 (Bad Oldesloe 1924).

[50] Golowin, Sergius: Die Welt des Tarot. Geheimnis und Lehre der 78 Karten der Zigeuner. Basel 1985 (1975).

[51] Göttingisches Magazin der Wissenschaften und Litteratur. Hg. von Georg Christoph Lichtenberg und Georg Forster. 2. Jg. (1782), 6. Stück.

[52] Gregorovius, Ferdinand: Geschichte der Stadt Rom im Mittelalter (3. Bd.). Stuttgart 1860.

[53] Grellmann, Moritz Gottlieb: Historischer Versuch über die Zigeuner. Göttingen 1787 (Dessau 1783).

[54] De Guaïta, Stanislas: Le Serpent de la genèse. Teil 1: Le Temple de Satan. Paris 1891. Teil 2: La Clef de la magie noire. Paris 1897. Teil 3: Le Problème du mal [unter Mitarbeit von Oswald Wirth und Marius Lepage]. Paris 1949.

[55] Haich, Elisabeth: Tarot. Die zweiundzwanzig Bewußtseinsstufen des Menschen. München 1972 (1971).

[56] Hemmingius, Nicolaus (Hemmingsen, Niels): Vermannunge von den Schwartzkünstlerischen Aberglauben / das man sich dafür hüten sol. Wittenberg 1586.

[57] Hemminger, Hansjörg: Die Rückkehr der Zauberer. New Age – Eine Kritik. Reinbek 1987.

[58] Hermann-Mascard, Nicole: La Censure des livres à Paris à la fin de l'ancien régime. Paris 1968. (Série

sciences historiques de la Faculté de Droit et de Sciences Économoiques de Paris, No. 13)

[59] Hoffmann, Detlef: Die Welt der Spielkarte. Eine Kulturgeschichte. München 1983 (Leipzig 1972).

[60] –; Kroppenstedt, Erika: Wahrsagekarten. Ein Beitrag zur Geschichte des Okkultismus. Bielefeld 1972.

[61] Howe, Ellic: The Magicians of the Golden Dawn. A Documentary History of a Magical Order 1887–1923. London 1972.

[62] Hübscher, Arthur: Die große Weissagung. Texte, Geschichte und Deutung der Prophezeiungen von den biblischen Propheten bis auf unsere Zeit. O. O. [München] 1952.

[63] Iversen, Erik: The Myth of Egypt and its Hieroglyphs in European Tradition. Kopenhagen 1961.

[64] Kaplan, Stuart A.: The Encyclopedia of Tarot, vol. 1–3. New York 1978–88.

[65] –: Der Tarot. Geschichte – Deutung – Legesysteme. München 1985 (New York 1972).

[66] Kiesewetter, Carl: Die Geheimwissenschaften. Zweiter Teil der Geschichte des neueren Occultismus. Leipzig 1895.

[67] King, Francis: Ritual Magic in England. 1887 to the present day. London 1970.

[68] Kloss, Georg: Geschichte der Freimaurerei in Frankreich. Aus ächten Urkunden dargestellt (1725–1830), 1. Bd., Darmstadt 1852.

[69] Kurtzahn, Ernst: Der Tarot. Die kabbalistische Methode der Zukunftserforschung als Schlüssel zum Okkultismus. Leipzig 1920.

[70] Laars, R. H. (Hummel, Richard): Éliphas Lévi, der grosse Kabbalist und seine magischen Werke. Wien 1922. (Romane und Bücher der Magie, Hg. Gustav Meyrink, Bd. 2)

[71] Langer, Georg: Liebesmystik der Kabbala. München 1956 (1923).

[72] Larousse, Pierre: Grand Dictionnaire universel de XIXe siècle. (17 Bde.) Paris 1866–1890.

[73] Lenhoff, Eugen; Posner, Oskar: Internationales Freimaurerlexikon. Wien 1973 (1932).

[74] Lenormand, Marie Anne: La Sibylle au congrès d'Aix-la-Chapelle. Paris 1819.

[75] –: Mémoires historiques et secrets de l'impératice Joséphine. (2 Bde.) Paris 1820.

[76] Leuenberger, Hans-Dieter: Schule des Tarot. (3 Bde.) Freiburg 1981–84.

[77] –: Das ist Esoterik. Eine Einführung in esoterisches Denken und in die esoterische Sprache. Freiburg 1988 (1985).

[78] Lévi, Éliphas (Constant, Alphonse Louis): Dogme et Rituel de la haute magie. Tome premier (Dogme), tome second (Rituel). Sixième édition, Paris 1920 (1855–56).

[79] –: Transcendental Magic. Its Doctrine and Ritual [by] Éliphas Lévi. Translated, annotated and introduced by Arthur Edward Waite. London 1972 (1896).

[80] –: Transzendentale Magie. Erster Teil (Dogma), zweiter Teil (Ritual), Basel 1975–76 (München 1927).

[81] –: Geschichte der Magie. Erster und zweiter Teil, Basel 1978 (Paris 1860).

[82] De Manne, Ed.: Marie-Anne-Adélaïde Lenormand. In: Nouvelle biographie générale (30. Bd.). Paris 1859, Sp. 675 f.

[83] Mathers, Samuel Liddel: The Tarot. Its Occult Signification, Use in Fortune-Telling, and Method of Play etc. New York 1773 (London 1888). [Ebenfalls veröffentlicht in: [45] S. 51–78.]

[84] –: On the Tarot Trumps. In: [45] S. 79–83.

[85] Max (Weller, Emil Otto): Die französische Volksliteratur seit 1833. Leipzig 1847.

[86] McIntosh, Christopher: Éliphas Lévi and the French Occult Revival. London 1972.

[87] Mercier, Alain: Éliphas Lévi et la pensée magique au XIXe siècle. Paris 1974.

[88] Mertz, Bernd A.: Der Ägyptische Tarot. Ein Einweihungsweg. Freiburg 1987.

[89] –; Struck, Paul: Astrologie und Tarot. Interlaken 1987 (1981).

[90] Milichius, Ludouicus (Milioh, Ludwig): Der Zauber Teuffel: Das ist / von Zauberey / Wahrsagung / Beschwehren / Segen / Aberglauben / Hexerey / und mancherley Wercken des Teuffels. Frankfurt 1564 (1563).

[91] Millet-St-Pierre: Recherches sur le dernier sorcier et la dernière école de la magie. Havre 1859.

[92] Moderne Universalgeschichte der Geheimwissenschaften (4. Bd.). Düsseldorf 1979 (Paris 1975).

[93] Möller, Helmut; Howe, Ellic: Jahrhundertfeier. Vom Untergrund des Abendlandes. Göttingen 1975.

[94] –; –: Merlin Peregrinus. Vom Untergrund des Abendlandes. Würzburg 1986. (Quellen und Forschungen zur europäischen Ethnologie, hg. von Dieter Harmering, Bd. II)

[95] Nicolas, Michel: Antoine Court. In: Nouvelle biographie générale (30. Bd.). Paris 1860, Sp. 211–13.

[96] –: Antoine Court de Gébelin. In: Nouvelle biographie générale (30. Bd.). Paris 1860, Sp. 216–19.

[97] Papus (Encausse, Gérard): Die Grundlagen der okkulten Wissenschaft. Schwarzenburg 1977 (Wien 1926; [ungekürzte Originalausgabe:] Paris 1887).

[98] –: Tarot der Zigeuner. Interlaken 1985 (Paris 1889).

[99] –: Le Tarot divinatoire. Paris 1909.

[100] Peucer, Caspar: Commentarius de praecipuis generibus divinationum. Wittenberg 1580 (1553).

[101] Peuckert, Will-Erich: Lenormand I. In: [9] Bd. 5, Sp. 1211–4.

[102] Pfister, Friedrich: Zur Geschichte der technischen Ausdrücke der Wahrsagekunst. In: Oberdeutsche Zeitschrift für Volkskunde, 7. Jg. (1933), S. 44–55.

[103] Picatrix. Das Ziel des Weisen, von Pseudo-Magriti. Translated into German from the Arabic by Hellmut Ritter and Martin Plessner. London 1962.(Studies of the Warburg Institute (ed. by G. Bing), vol. 27)

[104] Pictorius, Georg: Von den Gattungen der ceremoniellen Magie [Übers. d. *Scientia ceremonialis*, Basel 1563]. In: [4] S. 158–96.

[105] Raine, Kathleen: Yeats, the Tarot an the Golden Dawn. Dublin 1976 (1972). (New Yeats Papers II)

[106] Raman, Dio: Der praktische Tarot. Freiburg 1978 (Deventer 1976).

[107] Regardie, Israel: An Account of the Teachings, Rites and Ceremonies of the Order of the Golden Dawn. (4 vols.) River Falls, Wisc., 1969 (1937–40).

[108] Rijnberk, Gérard van: Le Tarot. Histoire, iconographie, ésotérisme. Paris 1981 (Lyon 1947).

[109] Rosenfeld, Beate: Die Golemsage und ihre Verwertung in der deutschen Literatur. Breslau 1934.

[110] Rosenfeld, Hellmut: Das Mainzer Kartenlosbuch von 1510 und die Spielkartentradition. In: Gutenberg-Jahrbuch 1962, S. 212–18.

[111] –: Losbücher vom Ende des 15. Jahrhunderts. In: Archiv für die Geschichte des Buchwesens, Bd. IV (1963), S. 1118–28.

[112] –: Zur Vor- und Frühgeschichte und Morphogenese von Kartenspiel und Tarock. In: Archiv für Kulturgeschichte, 52. Bd. (1970), S. 65–94.

[113] Sadhu, Mouni: The Tarot. A Contemporary Course of the Quintessence of Hermetic Occultism. London 1962.

[114] Schedl, Claus: Die 32 wunderbaren Wege der Weisheit und das Buch Deuteronomium. In: Theologisch-praktische Quartalsschrift. Linz 1968, S. 229–37.

[115] Scheible, Johann (Hg.): Theoretischer und praktischer Unterricht über das Buch Thot. Stuttgart 1857. (Kleiner Wunder-Schauplatz der geheimen Wissenschaften, Mysterien... [usw.], 14. Teil)

[116] Schmidt, Paul: Court de Gébelin à Paris (1763–1784). Étude sur le protestantisme français pendant la seconde moitié du XVIIIe siècle. St-Blaise/Roubaix o. J. [1908].

[117] Schmitt, Wolfram: Magie und Mantik bei Hans Hartlieb. Wien 1966. (Salzburger Beiträge zur Paracelsusforschung, Heft 6)

[118] –: Johann (Hans) Hartlieb. In: Neue deutsche Biographie (Bd. 8). Berlin 1969, S. 722 f.

[119] Schneider, Karin (Hg.): Ein mittelalterliches Wahrsagespiel: Konrad Bollstatters Losbuch. Wiesbaden 1978.

[120] Scholem, Gershom (Gerhard): Die jüdische Mystik in ihren Hauptströmungen. Frankfurt 1959 (New York 1946).

[121] –: Zur Kabbala und ihrer Symbolik. Zürich 1960.

[122] –: Von der mystischen Gestalt der Gottheit. Zürich 1962.

[123] –: Kabbalah. Jerusalem 1977

(1974).

[124] Schubert, Ursula und Kurt: Jüdische Buchkunst. 1. Teil, Graz 1983.

[125] Schuhmann, Helmut: Der Scharfrichter. Seine Gestalt – seine Funktion. Kempten 1964.

[126] Seligmann, Kurt: Das Weltreich der Magie. 5000 Jahre Geheime Kunst. Stuttgart 1958 (New York 1948).

[127] Shumaker, Wayne: The Occult Sciences in the Renaissance. A Study of Intellectual Patterns. Berkeley 1972.

[128] Star, Ély (Jacob, Eugène): Mystères de l'horoscope. Paris 1888.

[129] Starkie, Walter: Auf Zigeunerspuren. Von Magie und Musik, Spiel und Kult der Zigeuner in Geschichte und Gegenwart. München 1957 (London 1953).

[130] Steele, Robert: Notice on the Ludus Triumphorum and some Early Italian Card Games; with some Remarks on the Origin of the Game of Cards. In: Archaeologia: Or Miscellaneous Tracts Relating to Antiquity, published by the Society of Antiquaries of London, vol. LVII (1900), S. 185–202.

[131] Stein, Lorenz von: Die industrielle Gesellschaft, der Sozialismus und Kommunismus Frankreichs von 1830–1848. Hildesheim 1959 (Leipzig 1850).

[132] Steiner, Gerhard: Freimaurer und Rosenkreuzer – Georg Forsters Weg durch Geheimbünde. Neue Forschungsergebnisse auf Grund bisher unbekannter Archivalien. Weinheim 1985. (Acta humaniora/VCH)

[133] Symonds, John: The Great Beast. The Life and Magick of Aleister Crowley. London 1971 (1951).

[134] Tegtmeier, Ralph: Tarot. Geschichte eines Schicksalspiels. Köln 1986.

[135] Terrasson, Jean: Geschichte des egyptischen Königs Sethos. Übersetzt von Matthias Claudius. Breslau 1777 (Bd. 1) und 1778 (Bd. 2).

[136] Torrens, R. G.: The Secret Rituals of the Golden Dawn. Wellingborough 1973.

[137] Trismegistos, Johannes: Das Geheimnis des Kartenschlagens nach den Schriften des Albertus Magnus, Theophrastus Paracelsus, Etteilla und besonders nach Mlle. Lenormand, Napoleon's Kartenschlägerin. Ulm 1846 (Paris 1843).

[138] Ulm, Dora (Hg.): Johann Hartliebs Buch aller verbotenen Kunst. Untersucht und herausgegeben von Dora Ulm. Halle 1914.

[139] Uxkull, Woldemar von: Eine Einweihung im alten Ägypten. Berlin 1931 (1922).

[140] Vaillant, Jean-Alexandre: Les Romes. Histoire vraie des vrais Bohémiens. Paris 1857.

[141] Waite, Arthur Edward (Hg., Übers.): The Mysteries of Magic. A Digest of the Writings of Éliphas Lévi. London 1886.

[142] –: The Tarot and the Rosy Cross. In: [47] S. 161–73.

[143] –: Der Bilderschlüssel zum Tarot. Waakirchen 1978 (London 1910).

[144] –: Shadows of Life and Thought. A Retrospective Review in the Form of Memoirs. London 1938.

[145] Wang, Robert: An Introduction to the Golden Dawn Tarot. New York 1987 (1978).

[146] Warburg, Aby: Heidnisch-antike Weissagung in Wort und Bild zu Luthers Zeiten. (Sitzungsberichte der Heidelberger Akademie der Wissenschaften, Jg. 1920, Nr. 26)

[147] Webb, James: The Flight from Reason. London 1971.

[148] –: The Occult Establishment. La Salle, Ill., 1976.

[149] Westcott, William Wynn: The Magical Ritual of the Sanctum Regnum, Interpreted by the Tarot Trumps. Translated from the Mss. of Éliphaz Lévi. London 1970 (1896).

[150] Winckelmann, Joachim: Tarot der Eingeweihten. Berlin 1962 (1954).

[151] Wirth, Oswald: Le Tarot des imagiers du moyen age. Paris 1927.

[152] Wuttke, Adolf: Der deutsche Volksaberglaube der Gegenwart. Berlin 1869.

[153] Yeats, William Butler: Memoirs. Transcribed and edited by Denis Donoghue. London 1972.

[154] –: Werke VI. Autobiographie. Hg. von Werner Vordtriede. Neuwied 1973 (London 1955).

[155] Zweig, Stefan: Heilung durch den Geist. Mesmer, Mary Baker-Eddy, Freud. Frankfurt 1966 (Leipzig 1931).

Inhalt

Die Abbildungen in diesem Buch zeigen zum Teil historisches Material, an dem die Zeit nicht spurlos vorübergegangen ist oder das nicht immer in bester Qualität zu beschaffen war. Wir bitten um Ihr Verständnis, wo wir der vollständigeren Information Vorrang gegeben haben, statt auf die Wiedergabe zu verzichten.